JN205215

IKEA MANIAC YUKA MORII

IKEA BENTO　IKEA弁当

【材料】（1人分）
ミートボール　5コ
マッシュポテト　適量
ニシンの酢漬け　3切れ
クリームソースミックス　適量
リンゴンベリージャム　適量
カマボコ／青菜／ディル／食紅　分量外
ご飯　適量

【作り方】
1　スウェーデンフードマーケットで素材をそろえる
2　それぞれ解凍したり水でのばしたりする
3　カマボコに食紅で色をつけ国旗を作る
4　IKEA港北5周年記念グッズの弁当箱に全力で盛り付ける

ミートボール
KÖTTBULLAR

マッシュポテト　冷凍
ALLEMANSRÄTTEN

クリームソースミックス
ALLEMASRÄTTEN

リンゴンベリージャム
SYLT LINGON

ニシンの酢漬け
SILL LÖK

IKEA港北5周年記念弁当箱
限定1000セット

なんで IKEA が好きなんだろう？

1943年スウェーデンで生まれた IKEA。
2006年、世界に235店舗あった IKEAストアは、2017年8月現在355店舗に。
地道な商品開発からあっと驚くアーティストとのコラボまで。
年間約2000点の家具と雑貨がデザインされる IKEA に通い、
気がつけばあっという間に四半世紀が過ぎていました。
前作『IKEA FAN BOOK』刊行から2018年ではや12年。
改めて自分に問う、いったい私は IKEA のどこが好きなのか？ と！

→ デザインがいいから

　IKEAを好きな理由の筆頭に挙がるのが、シンプルなのに飽きのこない、ちょっと楽しくなるようなデザインであること。なぜ北欧にはよいインテリアデザインが生まれるのかは諸説ありますが、信憑性が高いのは「冬が長く屋内で過ごす時間が長いため、身の回りのもののデザインが研ぎ澄まされていった」から。毎日のように目に入るもの、手が触れるものは、知らず知らずのうちに気分を大きく左右します。一見簡単なようですが、シンプルなデザインほど形状や色のバランスが繊細で、難易度はとても高いのです。

　遡ること1800年代末期、スウェーデンの画家カール・ラーションが描いた簡素だけど美しい暮らしは、デコラティブなものをよしとする世界の風潮に衝撃を与え、ゆるぎない美意識を世に知らしめました。その後政府は国民の生活調査をし、官民一体となって良質なインテリアによる暮らしを提案します。1950年代からは経済戦略として自国のデザインを諸外国にアピールし始め、北欧デザインとも呼ばれるスウェディッシュデザインが世界に浸透していったのです。

→ 面白いから

　むき出しになったカラフルな引き出し、ペッパーミルのような手回し懐中電灯、シャワーカーテンいっぱいに描かれたヤギ、売り場でのお泊まり会や、毎年7月に売られる大量のザリガニ（食べられます！）、アーティストとのコラボレーションによる目玉だらけのTシャツ、意表を突く広告やCM、1日中読んでいられるカタログ、1日では回りきれないIKEA museumなどなど。スタイリッシュな北欧デザインがお安く買える……だけではない、思わず「なにこれ!?」と言ってしまいそうなものやイベントがあるところが魅力です。美しいだけではなく、驚かせたり楽しませたりするデザインがある。そこがIKEAの真骨頂であり、熱狂的にファンを引きつけるところなのです。このセンスがどこから湧いてくるものなのか、各国共通なのか、何か秘密のトレーニングでもあるのかを、店内に潜入しつつ適宜調査中です。

→ 市場のようだから

　IKEAでは「昨日まであったのに、今日行ったらなかった」ということがしばしば起こります。次に来た時に買おうと思ってはいけないのです。IKEAでは社内外合わせて約100名のデザイナーが、年間2000種類ほどの新製品をデザインしています。IKEAの店頭には常時約1万種類の商品が並んでいますが、そのうちの4分の1は毎年入れ替わり続けています。もちろん何年も売られているロングセラーもありますが、売れたら再入荷なしのもののほうが圧倒的に多いのです。「いまここで手に入れておかないともう会えないかもしれない！」という、いわば新陳代謝は、これまたIKEAの大きな魅力のひとつです。反対に、何の前触れもなく何年も前の商品がいきなり再販されるケースも。常に変化があって、店頭にはライブ感があります。個人的に再販を期待しているものがざっと10以上。だからIKEAに行くと隅から隅まで見ないわけにはいかないのです。

→ 人にあげたくなるから

　IKEAの商品は、より多くの人が快適な毎日を送るためにデザインされたもの。……てことはそれって、自分だけではなく人にあげたくなるデザインであるということではないでしょうか!?　たとえば今は数がぐっと減ってしまいましたが、ポストカードは、世界の誰が見ても不愉快に思わないデザイン。そこには「無難」ということとはまた違う、研ぎ澄まされたIKEAの世界観があったのです。ちょっとしたお祝いや、お悔やみのときにも使える汎用性の高いデザインがそろっていたので、億劫にならずにささっと一筆書いては郵送していました。最近ではIKEAで最も売れている雑貨のひとつ、チャック付きのプラスチック袋にハロウィン時期の限定版として黒猫柄の袋が店頭に並んだ時期には、いったいどれだけ入手したことか。自分含めもともと猫好きが周りに多いこともありますが、時期に関係なくいつでも使えそうな柄だったので、IKEAに行くたび何本も買っては配りまくっていました。逆に私が見落としていたIKEAのものを友達からもらうのもまた楽しいものです。

IKEA Älmhultの壁面。「フラットパックを買うすべての人に感謝を」

→ 安いから

　もともと北欧製の雑貨や家具は、基本的にとても高価で、そう簡単には買えないくらいの値段です。しかし創業者のカンプラード氏がかかげたIKEAのビジョンは「より快適な毎日を、より多くの方々に」（"To create a better everyday life for the many people"）。多くの人がためらいなく買える価格にするために、様々な工夫がなされています。

　スーパーマーケットのようにお客さんが自分で商品をカートに入れ、自分で家まで運んで組み立てることは、人件費の節約になります。また重ねられる形にしたり、組み立ての部材を無駄なく箱詰めしたフラットパックにデザインすることで、場所を取らずにたくさん運べるため、輸送費の節約になります。そして世界のIKEA合計で年間約9億3600万人ものお客さんが訪れる（2017年）からこそできる大量生産は、作るほどに製造コストを節約できます。実際にヒットした商品は、どんどん価格が下がっていきます。たとえば手元のカタログで比べると、ロングセラーのアームチェア『POÄNG』は、2006年の日本1号店開店当初は8900円、2018年度版のカタログでは6990円になっているのです（どちらも税込）。店舗設計が世界でだいたい同じであることも、コストカットの一要因となっています。

To create a better everyday life for the many people

↓

デモクラティックデザイン

Democratic Design

IKEA の
ものづくり基準

形　Form
品質　Quality
機能性　Function
低価格　Low Price
サステナビリティ　Sustainability

IKEA には「デモクラティックデザイン」という理念があります。『優れたデザインとは「形」「機能性」「品質」「サステナビリティ」「低価格」の5つを組み合わせたものである』として、この5つの項目を満たさないものは製造しないというもの。「サステナビリティ」とは「持続可能性」。つまり「長期的に存在し続けられる仕組み」です。たとえば商品でいえば持続可能な方法で生産された原料を使うとか、リサイクルできるエコ素材を使うとか、廃棄しても環境に優しいものにする、などを指します。商品だけではなく、IKEA では2020年までに事業活動で消費するエネルギーと同量の再生エネルギー（風力発電／太陽光発電など）を生産する計画です。

Contents もくじ

イケア・ジャパンオフィスの内部

VÄL-
KOMMEN!

IKEA Hotell

VAR
VÄNLIG
STÖR EJ

PLEASE
DO NOT
DISTURB

IKEA Hotell

IKEA Hotel のインフォメーションブック（左）とドアサイン（右）

Column
コラム

For the most important people in the world

──── 世界で一番大切な人のために

IKEA museum、空間を駆け巡るボール（P.61）のそばにあるひとこと。一番大切な人とは、すなわち子供たちです。たとえばIKEAでソフトトイをひとつ買うと€1が支援の必要な子供たちに届けられます。

Tjuvkika gärna!

Column
2

**工事中だって
楽しくなくてはね**

スウェーデンのマルメにあるIKEAはルームセットのいくつかが改装中。 Tjuvkika gärna! ——自由に覗いてね！とプリントされた囲いの布には大人と子供、両方の目の高さに点々と穴が開き、中を覗けるようになっています。ただそれだけなのになんだか楽しい。改装現場でさえエンターテインメントにしてしまうIKEAなのでした。

ユカ的 IKEA の歩き方
ある日、Tokyo-Bay にて

入口から出口までの壮大なアドベンチャー。
ひさしぶりでもビギナーでも
フルに楽しめるショッピングルートを
微に入り細に入り公開します！

Let's go!

　この瞬間にもまだ見ぬ新製品が次々と店頭に現れていると思うと、ソワソワが止まらなくなる IKEA。現在月に1～2回のペースで国内外の IKEA をパトロールしています（いえ、誰にも頼まれておりませんが）。久しぶりの方も、初めての方も、私と一緒に行ってみませんか？

　関東には、Tokyo-Bay・港北・新三郷・立川と4つの IKEA があり、自宅と事務所のある港区から行くには同じくらいの時間がかかりますが、雑貨を買いによく訪れるのは京葉線南船橋駅からアクセスのよい Tokyo-Bay、大物を買いに車で行く時は高速で行きやすい港北、講師をしているデザイン学校の生徒たちと授業の一環で訪れる時は路線がわかりやすい中央線沿線の立川、と目的によって使い分けています。

　今日は Tokyo-Bay へ行きましょう。ここは 2006 年、日本で初めて IKEA の独立店舗がオープンしたところです。それからなんともう 10 年以上が経ったんですね……電車の中から看板を見るたびに、毎度「ああ本当にやって来てくれたのだ」と万感の思いで胸がいっぱいになります。IKEA の外観を見るなら東京を背にして右側の窓でどうぞ。そして IKEA に行く時は、スウェーデン国旗の色であり、IKEA のトレードマークの色である青または黄色のものを身につけて行きましょう。気分が上がるだけではなく、それが IKEA に対する最低限の敬意です。気持ちの問題なのでパンツでも靴下でもハンカチでもよいとは思います。

　IKEA Tokyo-Bay は南船橋の駅からすぐなので迷いません。まず2階に上がり、途中から1階に降りるという順路になっており、世界中同じような設計になっています。厳密には鏡のように左右が反転していたり、立川や仙台のように売り場が2階にまとまっているなど、多少の違いはあります。この違いを感じながら店舗を巡るのもまた楽しいものです。

今はもうありませんが、以前仙台には震災対応のための特別に小さな店舗もありました。

■■

さあ、中に入りましょう。この吹き抜けの開放感、何度来てもいいですね。入り口付近には新製品がディスプレイされていることが多いので、とりあえずぐるっと見渡しておきます。必要のない荷物はロッカーへ預けてください。Tokyo-Bayのロッカーの鍵にはお店で売っているのと同じスパチュラが付いています。色々なものをなくしてきた私ですが、なくすのがむしろ難しいくらいの大きさです。 ❶
身軽になったところでトイレへ行っておいてください。まずは買い物用のイエローバッグをもらいます❸（またはその辺に置いてあるのを自分で取ります）。バッグを小さなカートに取り付け❹、自分のバッグも引っ掛ければ準備万端。エスカレーターではなくエレベーターで2階へ上がります。IKEAのすべての順路をなぞると数キロに至るので❺、この小さなカートに私物や買う物を託して押して歩けば少しは体力が温存できます（山登りか）。
もしIKEA FAMILYの会員でない場合は、あとで面倒にならないように、登録は無料ですから売り場を巡る前に入っておきましょう。ドリンクバーが半額になったり、イベントのお知らせやクーポンがメールで送られてきたりする他に、店内のあちこちに会員価格で買える商品が置いてあります。私にとって一番お買い得なのは書籍。会員ならほぼ半額で買える本が多いのです。赤い色のIKEA FAMILY会員カードに対して、売り場の中程で加入できるIKEA BUSINESS会員カードは青色。BUSINESS会員は大量購入の場合メール注文からクレジットカードで決済できたり、ビジネスアカウントの開設で請求書受領後に銀行振込決済もできます。その他のサービスは同じです。
ではいよいよ売り場へ！……の前に、腹ごしらえしませんか？　順路と逆のほうに進むと、すぐにレストランに入ることができます。創業者カンプラード氏の教え「腹が減ってはいい買い物はできぬ」を忠実に守ろうではありませんか。

ロッカーの鍵に付いているものは店舗や国によって違います。上は香港・IKEA Causeway Bayの木べら

店員さんから手渡ししてもらえば、気分もアガる！

短い方の把手を突起に引っかけて、パトロール開始

1.5~2km
walk / 周
❺

→　→　→

ローストビーフのタレが醤油風味でウマい

ベジボール。ベジタリアン対応のメニューが増えている

日本では今年からミートボールの盛り付けかたがマイナーチェンジ。マッシュポテトをお皿に広げるスタイルに

2017年にIKEAで開催された、ザリガニパーティーのPOPとタトゥーシール！

　レストランではベビーフード（7/9ヶ月用）が無料、というのはもう有名な話ですが（もちろん大人はダメですよ）、初めてならぜひミートボールを。世界中のどのIKEAにもあるスウェーデンの国民食です。グレービーソースが掛けられ、なめらかなマッシュポテトとリンゴンベリー（こけもも）ジャムが添えられます。ジャムはミートボールに付けてくださいね。「え、肉にジャム？」と眉をひそめず、ぜひ試してみてください。ひき肉のコクとジャムの甘酸っぱさがマッチして、やがてないと物足りなくなります。気に入ったら次回「ジャム、多めで」とお願いすれば、ちょっとオマケしてもらえるかもしれません。野菜や果物が豊富に獲れない北欧では、ベリー類は貴重なビタミン源。スウェーデンだけでなくフィンランドでも肉料理にはよくジャムが添えられます。

　私はもう幾度となくミートボールを食べているし、今日はこってり＆がっつりな気分なので限定メニューの「カニグラタン＆ローストビーフ」（1699円）にします❶。ニュージーランド産のローストビーフが柔らかく、醤油風味のソースがなんとも香ばしい。12年前の拙著『IKEA FAN BOOK』では世界7ヶ国のIKEAレストランでミートボールの食べ比べをしました。どこも同じレシピと聞いてはいるものの、味や付け合わせに変化があり、盛り付けもそれぞれで案外個性的でした。最近はベジタリアン向けのベジボールや❷、あっさりしたチキンボールなどのバリエーションも増えています。IKEA FAMILY会員だとここでお誕生会を開くこともできますが、12歳までの子供と保護者が対象です（オトナの誕生会もぜひ！）。

　お腹いっぱいになったら、床に記してある矢印をたどり、順路通りに店内を巡ります。随所に近道（ショートカット）もあるのですが、よほど時間のないとき以外は使いません。ショールームと呼ばれている2階は主にソファ、ダイニングセット、棚やベッドなどの家具類です❺。しかし合間合間にそれ

となく雑貨も積まれているので、漫然と通り過ぎてはいけません。常に全方向チェックの体制で、買いたかったものを見つけたら、どんどんイエローバッグへ投げ込みます。今日の私の買い物リストは「細長いクッション（枕用）、正方形のクッションの中身4コ、オランダのデザイナー、ピート・ヘイン・イーク（P.26）とコラボした椅子と皿、布地、食品」など。早速細長いクッションと、まだ持っていない色のじょうろを発見したのでイエローバッグへ。

　何度もIKEAに行くのは商品が入れ替わるサイクルが早いからなのですが、効率よく見極めるためには新商品とわかるPOPを探します。吊り下げられたもの、商品の近くに置かれたもの、棚の細いところに記されたもの、まちまちですが、オレンジ色の「NEW！」が目印です。各国共通の色なので言語は違えど見つけやすい。ロングセラーでも新色で出れば、このPOPがそばにあるはずです。また価格表示のベースが黄色と赤の二重になっているPOPは「カテゴリー内最安」の目印❾。たとえばスツールのコーナーで、デザインはさておき、とにかく安いものが欲しい！　なんて場合に有効です。私自身はデザイン優先で探すのでそれほど活用しませんが、学生主体の展示会などで予算がないというとき、このPOPは頼もしい。それと商品に付いている細長いプライスタグ❿（バックヤードでは個人の顔写真が入り出退勤カードとして壁に掛けられています！）、ここには最後に倉庫でピックアップする際の棚の番号が記されているので、必要ならば写真を撮っておいてください。棚番号が書いてある部分が赤ではなく黄色の場合⓫は、在庫切れか倉庫以外にあることもあるので店員さんに尋ねます。

　ところで商品名にはスウェーデン語の名詞や形容詞が使われていますが（ライオン柄のタオルが「URSKOG（野生の樹木）」など）、もともとは創業者のカンプラード氏が数字の整理番号を覚えにくいから始めたことだそうです。翻訳アプリを使って意味を調べるのも面白い。早速ピートの椅子を見つけたのでプライスタグを写しておきます。価格が税込表示なのが嬉しいです。

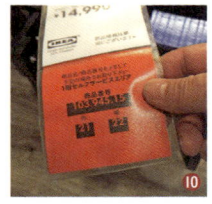
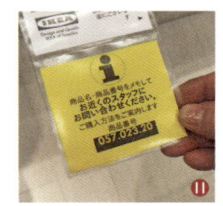

スマホ以前はこの棚番号を、備え付けのエンピツでメモに控えていました

インテリアデザイン担当のアンジーさん。Tokyo-Bayの社員食堂のリニューアルも手がけている

アンジーさんのセンスが光る美容室のルームセット。写真のワゴンRÅSKOGは実際に美容室でよく使われているそう

民泊を想定した部屋の看板もこだわって作り込んでいる

IKEA名物はなんといっても、近隣の住宅事情をリサーチした上で作り上げるリアルなルームセットです。家族構成や広さ、趣味などを反映させて、家具から雑貨、キッチンまで、ほぼすべてIKEAのものを使ってデザインします。自分の家に近い広さで、好みの色調のセットを見てみれば、IKEAの家具でそろえた場合はどんな雰囲気になるのかが一目瞭然です。

ここでルームセットのデザインを担当して10年のアンジーさんに、お話を聞いてみましょう。「Tokyo-Bayには約60のルームセットがあり、時代のトレンドも取り込みながら、家族構成や趣味などの設定を細かく考えた上でセットしています。なかには一般公募で募集したご家族にご協力いただき、お部屋を丸ごと再現してIKEAの家具でご提案しているものもあります❶。約100組の中から選ばれた林ファミリーとは1年もの間密にやりとりして、林家らしいルームセットを作り上げました。IKEAに来るとどれもこれも欲しくなるけど、実際家に何をどう配置していいかわからなという人が多いので、そんな方々のお手伝いができればと思っています。

私の部屋はアジアンな雰囲気というか……ビーカーやフラスコなどのちょっと怪しいガラクタが多いんです。日本の家屋の特徴は狭いことなので、それを解決できるようなセットを作っていきたいですね」アンジーさんのお部屋も見てみたいです。ちなみにIKEAでは従業員同士ファーストネームや愛称で呼ぶのが普通です。

ルームセットごとに、家族構成、広さ、年収などが書かれたボードや動画が見られるようになっています。私が注目したのは、旅好きな夫婦の部屋を想定したルームセットで、「留守時にはair-bnb（民泊サイト）で家を貸し出します」という設定❸❹。一方スウェーデンのIKEAではルームセットにおける家族のあり方が、より多様で具体的です。たとえば「離婚した夫婦の家。娘が2人いて、週に1度夫が帰って来る」なんて設定も。ソファで寝られるように、ソファベッドだったり、1人増えても余裕があるように天板が伸びて面積が増えるダイニングテーブルだったりしていました。

家具が中心の2階から、雑貨が中心の1階マーケットホールへ。何度来てもここに足を踏み込むのは、雑貨コレクターにとっては最もワクワクする瞬間です！

山積みの商品群に出迎えられる場所は「Open the wallet（ひらけ、サイフ！）」と密かに呼ばれているエリア❺。ここでやるべき重要なことは、小さいカートから大きなカートへの乗り換えです❻。乗り換えたら売り場のあちこちにあるIKEA名物「紙メジャー」を一本取り、カートの底面の手前から50cmまでを測っておきます❼。カートの幅は約50cm、高さは約60cm、ここに入る分量ならなんと990円で配送することができるのです！（指定圏内・30kg未満）。そう、これこそが50×50×60cmの箱に詰め放題で発送することができる「小物配送サービス」。IKEAは基本的に車で来て持って帰ることでより安く買い物できますが、私はほとんど電車で来て比較的細かいものを買うので、このような仕組みは本当にありがたいのです。私が訪れた他の国のIKEAでは、まだ見たことのないサービスです。

ここマーケットホールは、柄がたびたび変わるジッパー付き保存袋や紙ナプキン、あらゆる色とサイズの食器など、圧倒的な物量に囲まれる幸せな空間です。ただ残念ながら探していた皿は在庫切れだったので、またの入荷を待つことにしてテキスタイルのコーナーへ。ここでは布地を自分で計りハサミでカットし❾、量りに乗せ、出て来た値段ラベルを貼ってレジに持っていきます（自宅に隠しておきたい電化製品があるのでそれに掛けておくための布地）。それとクッションの中身4つをカートに入れます。

その他生活に関係するあらゆるもの……タオル、照明、時計、額縁、北欧の暮らしには欠かせないキャンドル、園芸のコーナーを経て、ダンボールに入った組み立て資材＝フラットパックが山積みの倉庫のようなセルフサービスエリアに突入です。1965年オープンのストックホルム旗艦店に客が殺到した際、苦肉の策で、客に自分で倉庫から商品を持って

少ない買い物ならこのままで

50センチ分わかるようにメジャーをつけてボックスサイズの目安に

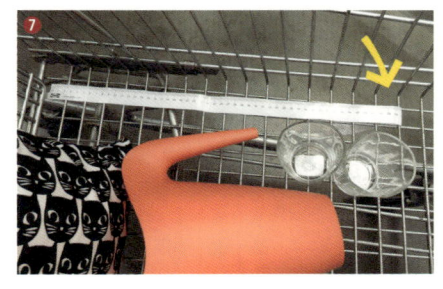

メジャーの範囲に収まればお得に配送できる！

地震の際はこの棚に潜れば安全、と言われるほど頑丈な造り。東日本大震災でもまったく商品が落ちなかったとか

ピート椅子（P.26）のフラットパックはこの通り、とてもコンパクト

帰ってもらうというスタイルを確立させたそうですが、結果的にこれもまた人件費削減の大きなポイントになりました。実に壮観ですが、日本では地震が多いので他国より若干低くなっているそうです。ここではプライスタグに記されていたエリアと棚の番号を頼りに、椅子を探します。色やサイズなどをしっかり確認してカートへ❷。無駄なくコンパクトに詰められているので、椅子2脚買っても余裕で「小物配送サービス」サイズ内に収まります。

　倉庫を抜けてもまだまだやることはありますよ。レジ前のアウトレットをひと通りチェックしてください。ここでは展示品やパッケージにダメージがあったものなどのいわゆる訳あり商品が並んでいて、頻繁に入れ替わります。ものによっては半額以下に。とりあえず真っ先にここをチェックするという人もいるくらいです。なんと先ほど倉庫でピックアップしたピートの椅子が、組み立てられた状態で3割引ほどの値段で並んでいるではありませんか。しかも選んだ色もまったく一緒。美品なのでおそらく展示品でしょう。うう〜ん……しばし悩んだ末に、完成品は買わないことに。自分で箱から出して組み立ててみたかったのと、説明書が欲しかったからです。IKEAの家具の組み立て説明書は世界共通。ネジや素材の識別番号以外に文字はなく、図を見るだけで誰でも組み立てられます。自分で組み立てるのは楽しいし、家具に愛着も湧きます。組み立てが苦手な人は、基本工賃5,000円＋商品価格（定価）の20%で組み立てサービスを依頼できます（P.22）。

　レジの前には時期により季節商品も展開され、初夏ならビーチで使うマットやパラソル、秋を過ぎるとクリスマスのデコレーションなどネットやカタログで見られないものもしばしば見つかります。また持ち帰るものがあるときは、ブルーのバッグS/M/Lサイズをこのタイミングで選びます。自分でバーコードを読み込み、クレジットカードで精算するセルフサービスのレジは混雑時におすすめです。

　レジ❸を通ったら配送エリアへ。梱包用に古新聞や紐、ガムテープなどが自由に使えるのが嬉しい。

畳まれている小物配送サービス用のボックスをひとつ取り④、組み立てて、会計済みの商品を詰め込みます。まだちょっと余裕があったので、圧縮されていたクッションをビニール袋から出し、膨らんだ状態で詰め込むと……、ほれぼれするほどキッチリ収まりました！⑥ 宅配伝票に配送先を書き込み、ボックスを発送カウンターに運んで、先ほど会計したレシートを提示して配送料を支払えば万事OKです⑦。この時点でやり終えた充実感で満たされますが、まだまだ。「スウェーデンフードマーケット」に寄らなくては。歯ごたえのある黒いパンやサーモンなど、スウェーデンの普通のスーパーマーケットで見られるようなものがいっぱいです。なかにはIKEAプライベートブランドのワインやビールも。毎年7月頃にはスウェーデンの夏の風物詩、茹でザリガニの冷凍がドーンと箱売りされるのも見ものです。

　本日買うのは冷凍のミートボールとマッシュポテト、粉末のグレービーソース、瓶入りのリンゴンベリージャム⑧。これでいつでもIKEAレストランのメニューが自宅で（ほぼ）再現できます。あとはパックのジュース、アルファベットのクッキー。今日は買いませんがフライドオニオンもおすすめです。持ち帰り用にはブルーのバッグの他に、緑色の保冷バッグ大小があり、小さい方はコンパクトな立方体で冷凍食品が2〜3袋入ります。夏場にお弁当を入れたりするのにちょうどいい大きさなんですよ。

　そして、最後の最後に、これまた世界のIKEA共通、ソフトクリームとホットドッグが待っています。創業者カンプラード氏の鶴のひと声で始まったサービスで、世界中どこでもビックリするくらいの低価格で提供されているのです。現在日本ではソフトクリームが50円、ホットドッグが80円（スウェーデンでは両方とも5kr＝約63円）。私は数年前から発売されているフローズンヨーグルト（プレーン180円）⑨を。充分安いはずなのに、なんだかすごく高く感じますね。ひと息つきながら買い残しがないか検証して、問題なければロッカーから荷物を出し帰路に。荷物の到着を待つとしましょう！

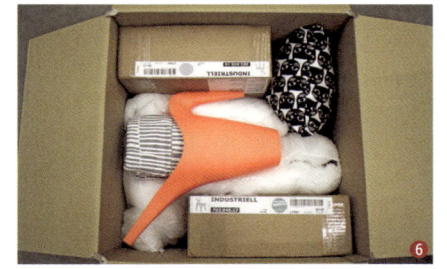

ピッタリ入ると得もいわれぬ快感が。ワレモノと食品はNG

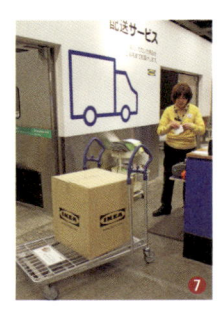

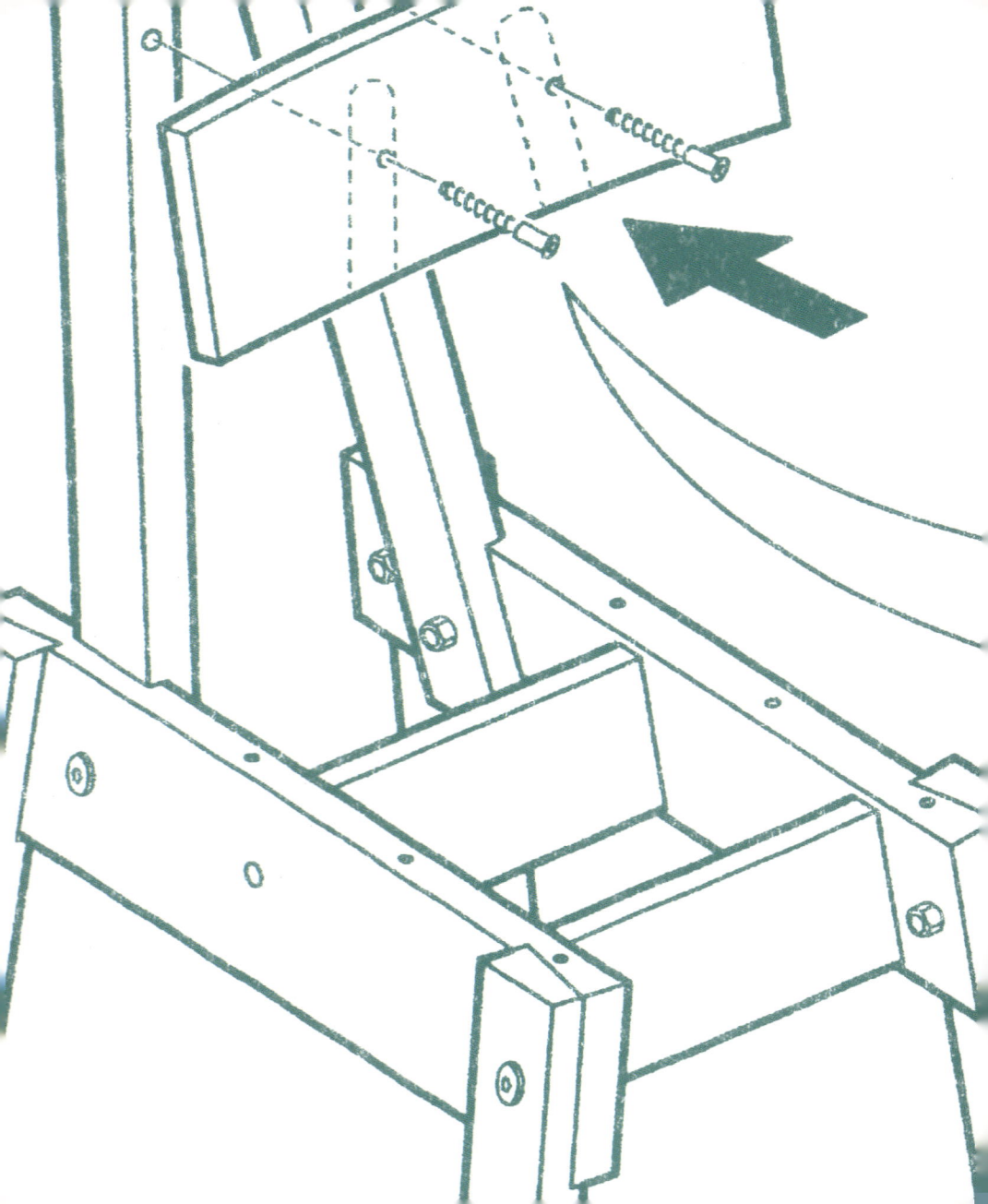

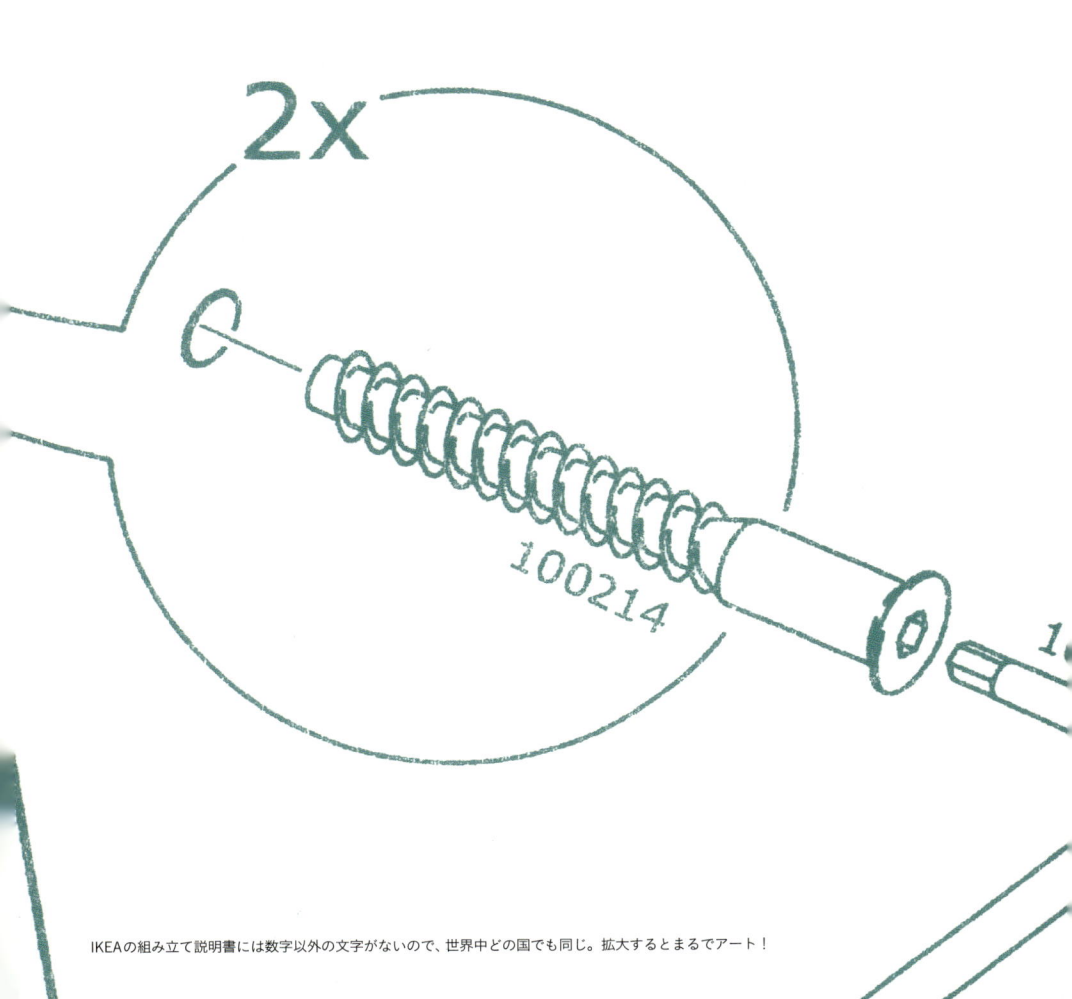

2x

100214

世界に3脚しかない椅子を作る！
INDUSTRIELLを組み立てよう

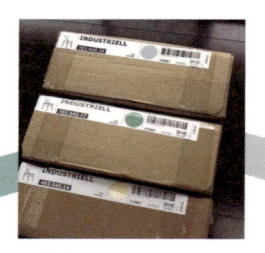

小物配送サービスで届いた3色の
パッケージを並べていざ開封！

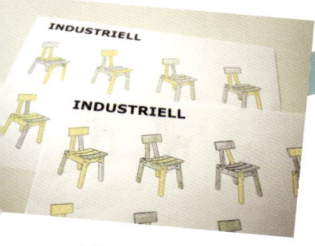

事前にコピーした組み立て説明
書のイラストに色を塗り、どん
な組み合わせにするか検討。こ
の段階ですでに楽しい！

見事なフラットパック具合に感心しつつ、決定した
色の組み合わせに沿って各パーツを選り分けます

形が似ているパーツや裏表を
確認しながら脚部から組み立
てていく。使うのは付属のレ
ンチ1本だけ

だんだん椅子らしくなってき
ました。大きなネジが機能的
かつチャーミング

ついに最終工程、座面を取り
付けて……！

　待つこと数日、IKEAとピート・ヘイン・イークの
コラボ椅子が届きました。3脚、3色をシャッフル
してオリジナルの色に仕上げるという計画です……
ここ数年こんなにエキサイティングな組み立て作業
があったでしょうか？　いや、ない！（組み立て自
体久しぶりでわくわく）

　箱を開け中身を確認します。何度も展示品を見て
いますが、自分のもとにやってきた木目の模様はな
んて愛おしいのでしょうか……。本当にひとつひとつ
つまったく違うニュアンスがあり、曲面はカットさ
れたままの細かい溝が残されていて、独特の手触り
が楽しめます。まずは説明書をコピーして「塗装な

INDUSTRIEEEEELL!

し」「グレー」「グリーン」をどのように組み合わせるかを慎重に検討。考えすぎて作為的にならないようにするのが案外難しい。ともかくこの色鉛筆で塗り絵している間は至福のひとときでした。

　文字のない組み立て説明書に沿って、ダボを差し込み、六角レンチでしっかり止めます。1脚だいた

い30分。広い接合面に大きなネジで止められた椅子は抜群の安定感！ 私が家具に求めるのが、このがたつきのなさ。なんども座ったり立ったりしてみます。3脚並べると、もとからこの組み合わせだったようではありませんか。家の中で使うのがもったいない、見せたくなるような椅子、できました！

Piet Hein Eak × IKEA
ピート・ヘイン・イーク×IKEA

1点ものを量産?! 唯一無二の家具を作る
オランダのデザイナーとIKEAとの夢のコラボが実現!
オランダ→スウェーデン→日本をめぐる旅。

→ ［オランダ］

　前ページの椅子は、廃材で1点ものの家具を作ってきたピート・ヘイン・イークとIKEAのコラボレーションにより、2018年4月にデビューした『INDUS-TRIELL（インドゥストリエル コレクション）』。……実はピートのファンだった私、遡ること2年前の2016年1月、オランダはアイントホーフェンにある彼の工房兼ショップ兼カフェを訪れていました。IKEAとのコラボが決まったという話はその時点ですでに発表されていたものの、廃材が山積みの工房や、ひとつひとつ形の違う椅子が並んでいるカフェを見るにつけ、シンプルな家具を量産しているIKEAとどうコラボするのかまったく想像できませんでした。ピートの家具の代理店は世界中にあり、もちろん日本にもありますが、なんせテーブル1台が何十万円。手に入れるのは夢のまた夢です。そんなわけでピート印のTシャツやエコバッグ、キャンドルスタンドなどの細かい雑貨類を買うことで、ファン心をなんとか落ち着かせていました……。

→→ ［スウェーデン］

　2018年に入りコラボの全貌が明らかに。椅子、テーブル、ランプ、微妙に形が揺らいでいるグラスや皿、そしてファブリックも。2月末にはその実物を取材先のスウェーデン、エルムフルトのIOS（P.96）で拝めることとなりました。どれもハンドメイド風なクラフト感があり、ピートらしいデザイン。そして値段も手頃！　ピートと共に開発にあたったIKEAクリエイティブリーダーのカリン・グスタフソンさんからお話を聞きました。

「2015年にミラノサローネでピートと出会ってから少しずつ話を進めていきました。彼はビッグボスのタイプではなく、とても謙虚な人。我々とはもの作りの方向性がまったく違うように見えますが、話してみると、『より多くの人に作品を届けたい』という気持ちは共通していました。アイデアの交換から始め、ハンドメイドの味にこだわり、CADを使わずに手作業で仕様書を作り、それを実現化してくれる工場を探して回りました。これがなかなか大変で、

1.IOSで展示されていたセットは1脚だけ黒が好印象 2.グラスは異なる6種類の型があり、すべて手作りであるかのように感じる 3.キッチンクロスはピートの手書きパターンを高度な機械織りで忠実に再現 4.手作りの型をもとに成形した花瓶 5.チームワークばっちりのピートとカリン

多くの工場は完璧すぎてダメだったのです。最終的にやっと、手仕事感が残って個性のあるものを作れるところが見つかりました」そして量産、世界のIKEAで販売開始となるのです。

→→→ ［日本］

『INDUSTRIELL』のプロモーションで世界を回るピート氏とIKEAのカリンさん。2018年3月末には東京のスウェーデン大使館で、その翌日はIKEA Tokyo-Bayで2人のトークイベントがありました。

スウェーデン大使館では、日本との国交150周年を記念するイベントが目白押し。桜が満開の中、イケア・ジャパンの米倉美貴さんが聞き手となり、多くのマスコミが集まる中での、商品のお披露目とトーク。初めて見るピート氏はとても気さくな雰囲気です。「最初に自分の作品をプレゼンした海外は日本だったので嬉しい。今回のコラボに関しては、今までにないものを作りたいというIKEAの声に同意しました。私のDNAが組み込まれたような、哲学が入っているものが低価格で実現できて嬉しい」と満足そうな様子。質疑応答では私の質問「なぜ家具のネジが大ぶりなのか」に対して、「接合面をしっかり止めて、経年や湿気で緩んだらしめることで長く使える家具にするため」とのお返事でした。

IKEA Tokyo-BayではIKEA FAMILY会員、そしてブロガーのみなさんが多数招待され、アシストオン店主の大杉信雄さんが聞き手となって進行、ピートは「若い頃は自宅にIKEAのものがたくさんありましたが、もっとディテールにこだわればいいのに……と思っていたので、コラボに戸惑いはなかった。ワールドワイドなプラットフォームができたことがありがたく、IKEAのチャレンジのためにいいデザインをしたい」と語りました。トークの後は記念撮影やサインに応じるピート氏。私もたまらず……オランダのピートショップで買ったTシャツにサインしてもらっちゃいました。

IKEA PS 2002

1

Designer: Monika Mulder

じょうろ

つるっと光沢のある内側に対して、光を柔らかく吸収するマットな外側

つなぎ目がどこにもなくなめらか。

重ねれば一度に大量に輸送できることも、低価格のための重要な要素。たくさんコレクションしても場所を取らない！

胴体部がほんの少しだけ膨らんでいる有機的なライン。

多くは中国製で、内側の目盛りが一本線なのに対し、リトアニア製は盛り上がっていて、よりわかりやすい仕様に

より快適な毎日を、より多くの方々に、という IKEA の理念が凝縮されているのがこのじょうろ。いつも年度始めに学生たちと IKEA に行き、そこで私の担当分野である『LIVING DESIGN 〜よりよい暮らし』の授業をするのですが、==IKEA のすべての商品について語らなくても、これをひとつ見せただけでほぼ全員が IKEA の哲学を理解できるほどの力を持っています。==

　特筆すべきは、よく見るとつなぎ目のない一体成形で作られていることです。ものを作る時は成形するための型が必要で、その数が多いほどコストがかさみます。通常のじょうろの場合、本体、取手、注ぎ口と 3 つのパーツを作るのですが、このじょうろは全体が繋がっているのでたったひとつ。また重ねて箱にたくさん詰めれば輸送費も大幅にカットできます。なによりフォルムや色がとても美しく、まるごと奇跡のバランスが実現されているのです。「コストを抑えるとデザインに響き、デザインを優先するとコストがかかる」というのが製造業界の常識でしたが、それを軽々と覆しています！

　デザイナーの Monika Mulder さんが重視したのは形状。「草花や流れ落ちる水と調和する、有機的な流線型を目指した」そうです。そして「しまっておくよりも飾っておきたくなるようなフォルムとカラーを備えた」とのこと。そう！　まさにそこに北欧デザインの真髄があります。たとえばスウェーデンのスーパーマーケットに行って食品パッケージを見ると==「食事の時にテーブルの上にあって美しいかどうか」を基準にデザインされています。==たとえ牛乳パックであっても「インテリアの一部」なのです。このじょうろもまた、ただ単に植物に水をやるだけのものではなく、暮らしの様々な場所に存在することを前提に考えられています。ホレボレするデザインは安易にポイッと放置しにくくなり、ものを大切に扱うことへも繋がります。デザイナーにはまだまだやることがある、と学生に語ることができます。

　世界中で好評を得て生産数が上がり、価格は最初の約半分になっています。日本発売当時の 2006 年は「IKEA PS VALLO」の名前で 290 円。2010 年には為替の影響などもありいったん 299 円になりますが、現在は 149 円です（たまに 100 円以下で売られる時も）。

　1995 年に始動した「PS」シリーズは、IKEA の中でも革新的でユニークなデザインのものがラインナップされています。名前の由来は手紙に添える「追伸」。各国で別の色を見つけては買って集めているので 15 個ほど持っていますが、初期にあった鮮やかなロイヤルブルーが忘れられません。再販されますように！

23,000,000

これまで売れた数はなんと 2300 万個（！）距離にして 8050km。神戸の IKEA からストックホルムの IKEA まで繋がる長さに！

大量生産により安い価格が実現されているので「バチもののほうが高くつく」と噂されていたこのじょうろ。ストックホルムの道端で発見したものは、よく見ると注ぎ口の形状が違う。10 クローナ＝180 円（発見当時のレート）。

角ばりすぎず、丸すぎず。試してはいませんが、猫の身になって考えると、この中に入るのがすごく好きなんじゃないかと思います

ゴミを持ったまま、指先でフタを開けられるのがとても便利。底に5cmほどの足がついたものもあり

2 FIBBE
フタ付き容器（ゴミ箱）

壁に付けた付属金具に引っ掛けて自由な高さで使えるので、何かを捨てる時に屈まなくていいという、よく考えるとかなり画期的だった商品。もちろん床置きでも。直線とカーブのバランスが絶妙で、お尻の丸みは内側が汚れたときにとても洗いやすい。高さは30cm、容量は10ℓと見た目よりもたくさん入ります。2000〜2003年頃に香港で購入、値段は約380円ほど。ロイヤルブルー（個人的には密かに「IKEAブルー」と呼んでいる）からその後白に切り替わり、最近はとんと目にしていません。今もずっと2コは台所に、2コは風呂場に置いてあり、風呂場のタイルや浴槽の色はこのゴミ箱ありきで選びました。再販してもらいたいものの代表です。

3 BOHOLMEN
洗いかご

日本への入荷までタイムラグがあったので、スウェーデンで買ってきた洗いかご。シンクの中に置いて洗いかごとして使うものですが、それだけではもったいない！　この中に布巾やタオル、たまにしか使わない皿などを入れて冷蔵庫の上にあげておけば、目立たず狭い台所を有効利用できます。柔軟性もあり軽く、お客さんが多い時は中のものを一時的に移し、氷をいっぱい入れればワインやビールを冷やしておけるクーラーとして使えます。のちに若干奥行きが狭くなり、縁に穴の空いた後継種が出ましたが、このぴょこっと飛び出した取っ手が気に入っているので使い続けています。幅36、奥行き28、高さ21cm（取っ手含め）、2008年頃購入。

見かけよりもずっしりとして安定感あり。1人でも簡単に運べるので、位置を微調整したりなど、模様替えが簡単なのもいい

パーツによって木の色味が違うところに温かみがあっていい。経年による歪みもまったくなく、年々味わいが増す

④ HJLMAREN
ウォールシェルフ

機構自体は決して珍しいものではないのですが、色といい大きさといい自宅にピッタリだったという点で他の追随を許さなかった「見せる収納」棚。立てかけるタイプのため場所を取らず、コンパクトに見えるのですが、実はかなり積み込めます。IKEAカタログではバスルームに置いてタオルやハンドクリームなどが置かれていますが、私は毎日着る服、本や雑誌などを積んでベッドの横に。扉がある収納というのはすぐに魔窟となる危険性があります。もとより自宅は非常に狭いのでタンス類は置かないと決め、ものが丸出しな分、整理しやすいこのような棚を使っているのです。2012年頃購入。高さ190、幅50、奥行き35cm。

⑤ MOLGER
トイレットロールホルダー

ロールホルダーについては、何年かけても理想的なデザインにたどり着けないという果てしのない旅をしていました……。一般的なあの、ペーパーを覆うカバーがあるデザインがどうしても納得できません。自宅では内装工事までにいいものが見つけられず、ペーパーを棚にそのまま置くという状態のまま15年が過ぎています。しかし事務所改装時にはこれが販売され即決。IKEAで出会ったときは、まるで漫画の集中線がズザザアアーッ入ったように見えました！ 芯に通す部分も木製で、本体の溝にカタッと落ちる瞬間は積み木遊びをしているよう。MOLGERシリーズとして、がっしりとした棚や踏み台なども数点あり。2008年頃購入。

丈が長めでゆったり着られる。わりと早くなくなるので、Tシャツを見かけたらとりあえず買おう！

上から見るとどちらもきれいな正方形。陶器ならではの重みも心地よい。表面は光沢があり掃除がしやすい

6 GILTIG/ STUNSIG

Tシャツ

IKEAと世界のアーティストとのコラボTを密かに楽しみに待っているのは私だけではないはず。入れ歯はKatie Eary（ロンドン）のコレクション『GILTIG』で2016年のもの。すれ違う子供たちに何度ガン見されたことか……。しかし自分で言うのもなんですが、相当似合ってはいるはずです。赤というより蛍光ピンクに近い鮮やかな色と柄は、初対面の待ち合わせにも便利です。今更ながら血だらけの脳みそバージョンも買っておけばよかったと後悔しています。

　日本の漫画を思い起こさせる目玉は2017年の『STUNSIG』シリーズで、Pinar&Viola（パリ）とのコラボ。これを着てIKEAでTVロケしたら、視聴者の方からSNSに「スタイリストはいないのか」とおしかり投稿された物件です。

7 VITSKAR

コップ／ソープディッシュ

適度な重みのある陶器で、2004年頃に購入して以来14年間、毎日使っているコップとソープディッシュ。身の回りのものはできれば正方形で揃えたいと思っているので、店頭でひと目惚れしました。真っ白過ぎない（本当に少しだけ）沈む白も好みです。角も丸すぎず尖りすぎず、この程度の丸みが当時のIKEAデザインらしい。コップはもうちょっと浅いほうが使いやすいのですが、洗面台に置くと不思議な存在感を醸すのでいつまで経っても見飽きません。ディッシュのほうは溝が絶妙で、目立たないのですが石鹸の水分がしっかり落ちるから実用性も十分です。うっかり割ってしまってもいいように、それぞれあと2つほど予備があります。

左からポーン、ナイト、キング。アニメーションになって動き出しそう

裏の模様もとってもかわいいので、並べてコピーすれば素敵な包装紙に（P.54 IKEA ワークショップ参照）

⑧ LATTJO
ボードゲーム

初めて店頭で見たときに思わず声が漏れてしまった、抜群に愛らしいボードゲーム。特にチェスの色数を2色に抑えたシンプルなキャラクターがすばらしく、このままどこかに飾ってずっと眺めていたくなります。ゲーム盤を兼ねた36cm角×厚さ6cmの箱にコマが入っていて、すべて木製！　この1箱でチェス・バックギャモン・チェッカー・ルードの4種類のゲームで遊べます。使い古して箱の端っこが欠けたり、コマのプリントが剥がれたりしてくると、より一層いい味が出てくるのだろうと妄想。チェスのコマは一番大きなクイーンとキングが、高さ7cmの直径2.5cm。木の重みと手触り、コトッとボードに置くときの音も小気味好い。

⑨ BEVISA
カードゲーム

これはもっと話題になってもいいのに！ IKEAウォッチャーなら小躍りすること間違いなしの、1950年代から2010年代までの名物プロダクト（でもなぜかじょうろはない……）がオンパレードの絵合わせゲームです。遊んでいるうちにIKEAデザインが覚えられるという知育玩具？落ち着いたトーンが絶妙な背景色は年代別に7色。本書でもたびたび登場する本棚のBILLY（1979年）、日本人デザイナー中村氏による椅子のPOEM（1977年/現在のPOÄNG）、ソファのKLIPPAN（1980年）など、トランプの柄では覚えにくくても、商品の写真だとけっこう記憶に残るから勝負もスピーディーです。紙製、珍しいイタリア産、35組70枚。IKEA FAMILYのメンバーは約3割引で買えてお得です。

ハンドルは軽やかなので、子供でも難なく回せます。胴体がくびれているのも、子供が無理なく握れるような配慮から

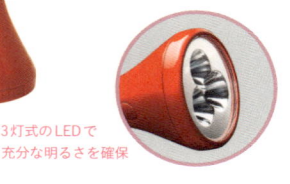

3灯式のLEDで充分な明るさを確保

足枕にもちょうどいい。豪快に丸洗いしてもOK。デザインはどんどん変わるので、気に入ったらキープ！

 10 ## LJUSA
手回し充電式LED懐中電灯

何年も店頭にあるロングセラー。ハンドルを20〜30回まわせば、約1分半点灯します。電池を使わないので震災時など緊急時にも安心だから、ひと部屋にひとつは欲しい。LEDは3つ使われているのでかなり明るく、寿命はなんと約2万時間。ルックスがまるでペッパーミルのように愛らしいので、棚の奥深くにしまっておく必要なし！ とっさの時に手に取れるようそばに置いておけるデザインです。願わくは、ブルーや黄色も欲しいところ。デザイナーはインハウスのAnna Efverlund。IKEAのアイコンとしても知られている、ハートの両側から手が出たクッションなど、明るくユニークな製品をデザインしています。

 11 ## MATTRAM
クッション

「とりあえずビール」みたいに、IKEAにいくと「とりあえずバッグに」入れたくなるのがこの細長クッション。長さ60cm、税込499円と大きさもお値段もお手頃で、家具の多いショールームのあちこちにサブリミナルのように積まれています。実は仕事場で仮眠するときの枕として使っていますが、クッションのように見えるのでまくらバレしません。この細長いタイプのクッションに入っているポリエステルの中綿は、大きな寝具などを作るときの端材が無駄なく詰められているそう。この他にとりあえず買い物用イエローバッグに入れてしまうものとしては、プラスチック袋や袋どめクリップがあります。

あなたの代わりに行ってきた！イケア・ジャパンの舞台裏

IKEAをくまなく見ていると
売り場からは見えないところや
入れないところが気になります。
どんな雰囲気でなにがあって
コワーカーの皆さんはどう過ごしているのでしょうか
興味は尽きません……というわけで
IKEAでやってみたかったこと、
6つを厳選してリクエストしてみました！

Request その❶

社員食堂で食事をしたい！

まず行ってみたかったのは社員食堂。企業で働いた経験のない私にとっては、社内に食堂があること自体ファンタジー。TV番組のロケで何度か訪れているものの長くは居られず、指をくわえておりました。

IKEAの舞台裏は24時間稼働しているので、社食も長い時間オープンしています。入口のディスプレイはシーズンごとに変わり、4月はイースター関連のうさぎや卵をモチーフにした商品が集められていました。そして内部にはIOS（P.96）で見た階段状のフリースペースが。　壁には「コスト意識」「意味のある違うやり方」など社員が共有する8つのバリュー（価値観）が掲げられています。

11時数分前から料理が並び始め、肉料理、魚料理、

野菜、主食の米やパン、別のカウンターでは麺類と、ざっと20種以上から選ぶことができ、毎日少しずつ変わります。さらに店内のレストランと同じものもリクエストできるのですが、これは同じ厨房を挟んでレストランと社食があるから。私がこの日お皿に載せたのはタイ風春雨サラダ、ツナと枝豆のサラダ、温野菜のラタトゥイユ、ほうれん草と卵の炒め物、豚肉ともやしの炒め物、トマトとパクチーで、食後にソフトクリーム。意外にも日本＋アジアンな料理で、これなら毎日、いや毎日3食でも飽きません。

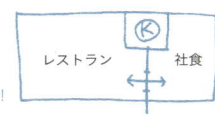

レストランの裏側が社食。合理的！

ファーストネーム
で呼びやすいバッジ

背中の左肩に
IKEAロゴ

社員食堂で制服談義

使わない時は内側に収納
できる機能的なポケット

パンツのサイドにはペン
などを挿せるポケットも。

右の外腿にも

バックルにもロゴが！
ロゴづくし

　社員食堂潜入と同時にやってみたかったことが、IKEAの制服を着てみることです。私はIKEAに行く時は青や黄色の服を着用することが多いのですが（やりすぎ注意）、一度は着てみたかった黄色いリアル制服を1着、お借りしました。なんとネームバッジまでご用意いただき、涙……IKEAでは世界どこでも従業員同士がファーストネームで呼び合うのがお約束で、多国籍なみなさんが読めるようにローマ字で書いてあるのです。なかには愛称で書いている人も。シャツもパンツも薄手ですが丈夫な生地で、ストレッチ素材なのであらゆる体型にフィットしそうです。金属のバックルが魅力的なベルトもあります。肝心なのは靴で、安全靴仕様になっています。見か

けからはわからなかったし、履いてみても軽い感じですが、うっかり家具やカートが乗っかっても怪我をしないほど頑丈です。
　社食でお声掛けした、保安担当のセバスチャンさん（左）の制服もステキ。薄手のシャツは裾・袖口・胸もとにラインが入りとてもシンプル。ワークパンツは自分なりにカスタマイズできて、鍵がたくさん下がっていたりドライバーやカッターといった工具が差してあったりと万能感がたまりません。インテリアデザイン担当、アンジーさん（右）の制服は、パンツの色の切り替えがジャスト好み。店内のアウトレットで古着として売っていたら……買います！

ミレーの名画『オフィーリア』より。浮いてます！

Request その❸
大人の憧れボールプールに入りたい！

　IKEAで最もしてみたかったことは、スモーランドのボールプールに入ること！ IKEAのボールプールは、その昔イギリスでアイデアを得た社員が再現したことが始まりでした。ボールの直径は約75mm、よく見ると中国製やイタリア製などいくつかの国で製造されています。ゆっくり強く押すと凹みますが、そのまま床に落とすと跳ね返る軟質のプラスチックです。恐る恐る中に入り横になって身を委ねると……めりめりと少しずつ身体が沈んでいき、たくさんのボールに支えられているような絶妙なバランスを保って「浮かび」ます。深さはたったの40cmほどなのに、自分の下にまだまだ深〜くボールが埋まっているような不思議な感覚です。平泳ぎやバタ

フライをしてみましたが、激しく動くほど行動が制限され、静かにゆっくり動くほどスムーズに移動できます。ぽっかりと浮かんでいるだけでボールにあちこち刺激されるのでマッサージ効果もあり？　こ、これは気持ちいい！

　IKEA新三郷などでは火曜日が＊「かぞく de スモーランド」の日。3歳以下の子供の付き添いならばボールプールに入ってもOKだそうです。また不定期に行われる店舗のお泊まり会では、大人がスモーランドに入れることもあります。なんとかしてあの浮遊感をもう一度味わいたいので、大金持ちになれたら家の中にボールプールを作ることにします。

＊「かぞく de スモーランド」＝IKEA FAMILY限定イベント

Request その❹
居心地のいい会議室に入ってみたい！

　それではさらに奥深く、日本法人イケア・ジャパンの社内へおじゃまします。エントランスには、スウェーデンの本拠地IOS（P.96）を彷彿とさせる、IKEAのビジョンが記された壁や、階段状のフリースペースが。どこにでも座って仕事したり、ミーティングができる開かれた空間です。普段ずっと同じ机と椅子にしがみついている日常を送る身からすると、とても眩しい！

　さてIKEAの商品は、創業者カンプラード氏が数字を覚えにくかったことから、名詞や形容詞などの愛称で識別されています。会議室も同じように、都市の名前が付けられているのです。「Stockholm」「Malmö」などスウェーデンの都市はもちろん、はい「Tokyo」もあります。それぞれに違うインテリアと広さがあり、使い方や人数に合わせて選べるようになっています。では「Tokyo」に入ってみましょう……なんと、畳敷きの上で車座になって打ち合わせができるという超個性派インテリア。食後に使ったら思いっきり眠くなりそうですが大丈夫なのでしょうか。室内には、日本の中村昇さんが1970年代にデザインしたロングセラーのアームチェア、POÄNGもあります。そしてよく見ると足のところに中村さんのサインが！　眠くなるどころではありません、程よい緊張感のあるいいミーティングができそうです。

「Tokyo」ルームは、心が落ち着く畳の香り。ラグを重ねるのが北欧流

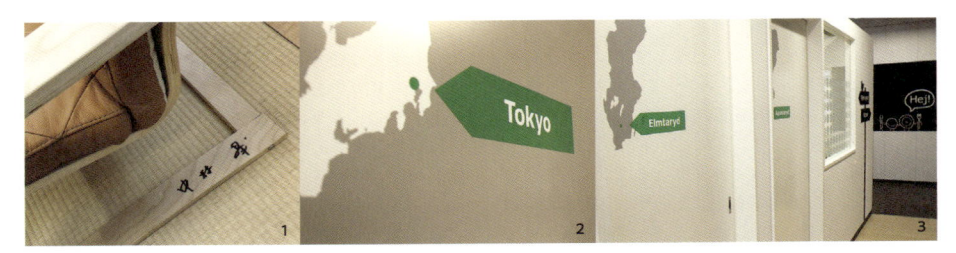

1.中村さんのサイン入りPOÄNG 2.3.番号よりも名詞の方が部屋の中の様子を記憶しやすい。インテリアを考えるのも楽しそう

（5）

1. 思っていたより雨やヨゴレに強いソーラーパネル　2. バックヤードには紙類をブロック状に圧縮する巨大な機械が　3.4. ゴミは徹底して分別される　5. 除草にはヤギも活躍 @IKEA 新三郷

Wrapping films,
Vinyl (white)
白ラップフィルム。
白ビニール。

Request その❺

IKEAのエコな現場が見たい！

　ウェブサイトには「イケアグループは2020年までに自社のオペレーションと同量の再生可能エネルギーを生産できるよう取り組んでいます」とあります。これってつまりエネルギーの自給自足を目指しているとのことですが、今そのためにどんなことがなされているのか、ファシリティマネジャーの修さんと、ユニットリスク＆コンプライアンスマネジャーの涼子さんにIKEA新三郷のエコな現場をご案内いただきました。

　店舗の横には井戸があります。そこからくみ上げた水と、屋上の駐車場に溜まった雨水はトイレを流すために使っています。シャワートイレを導入しづらいのはそのため。また店舗の屋上にある駐車場の一角には1080枚のソーラーパネルが敷き詰められ（今後増やす予定）、IKEA新三郷館内の照明に必要な電力の2.5倍がまかなわれています。ゴミの分別も徹底しており、「引き取ってもらうのにお金がかかるゴミ」と「引き取ってもらうとお金がもらえるゴミ」に看板が色分けされ、見た目にとてもわかりやすい！　現状の支出は均衡していますが、リサイクル素材のゴミが増えればバランスも変わります。そして環境に配慮した除草ということでヤギ部隊も出動。私も何かやらねば……とそわそわしてしまいます。

IKEAのエコな現場を統括する修さんと施設全体の安全を守る涼子さん

Request その❻

IKEAのコスト意識を覗きたい！

創業者カンプラード氏は、飛行機は必ずエコノミー、スーパーの食品は値下がりしてから買うなど、節約に関する数々の逸話を残しています。IKEAの本社（在オランダ）自体も株式公開をせず財団法人にして、トップでも利益を自由に使えない仕組みにしているので、コスト意識に関しては非常にシビアです。ではその意識を共有できる現場ってどんなところなのでしょう？

閉店後から開店前までを商品の出し入れに使うため、24時間稼働しているIKEA。あの天井まで届きそうな巨大な倉庫では様々な車種のフォークリフトが働いています。買い物で来ると見ることはありませんが、バックヤードに行くとたくさん駐車していて、車体に「￥4,500,000」「￥3,500,000」などと値札がばーんと貼られてあることに驚きます。これフォークリフトの小売価格そのものなのです。自分が使っているものの価格がわかると、丁寧な操作を自ずと心がけるようになり、機械を永く使うことができる……という試みです。

最後にアウトレットの裏手にあるリパックマシーンを見学。輸送の段階や経年劣化した（ダンボールの）パッケージを取り外し、もう一度元通りに梱包するマシーンです。本体さえ大丈夫なら長く店頭に置くことができます。エコとコスト意識。借金の多い私にとって見習うべき習慣です。まずは放置していた自転車に値札を貼って通勤に使おう！

→ オープン初日勝手に駆けつけ隊！ | 誰に頼まれずとも行く。そこにIKEAがあるから。

APRIL 24, 2006
IKEA南船橋（Tokyo-Bay）

IKEA南船橋（現Tokyo-Bay）が2006年4月、満を持してオープン。前作『IKEA FAN BOOK』は初日の様子をレポートしてからすぐの発刊でした。当時はIKEAができることがあまりにも嬉しくて、つい建設現場を見に行ったりしたものです。

オープン当日は大盛況、たくさんのマスコミも取材にやってきました。店頭ではIKEA名物の「丸太切り」が。1時間ほど並んでから店内に入り、日本語のキャッチコピーが目に入ったとき「ああ、本当に日本に来てくれたのだ！」と喜びに打ち震えました。IKEAの料理本の日本語訳版『IKEAの本格スウェーデン料理』を買って大事に持ち帰り、繰り返し読んだのを覚えています。ところでこの頃SNSはmixiの絶頂期。「『IKEA』をなんと読むのが正しいか論争」が巻き起こり、「アイキア（アメリカ読み）」派と「イケア」派が真っ向からぶつかり相当険悪になりました。でも中国は「イージャー」だったりするので、本当にどうでもよかったなぁ〜と思いつつも、もしIKEAが来なかったら、こういう論争もなかったわけで、ほほえましくさえ思うのです。

SEPTEMBER 15, 2006
IKEA港北

Tokyo-Bayから5ヶ月後、早くも関東に2店目のIKEAがオープン。港北は東京の西部からのアクセスがよく、当初は高級住宅地の田園調布と結ぶIKEAバスもありました。……なんと実はこの日の記録がスポッと抜け落ちておりまして、何を買ったかもわかりません。ただミートボールを食べたことだけはよく覚えています。もちろんジャム大盛りで……。

APRIL 14, 2008
IKEA神戸

港北の1年半後に待望の関西圏ストアがオープン。国内IKEA行脚では初めての遠出です。東京から朝イチでやってきて、眠くてモウロウとしながら9時には店頭の行列に加わります。10時にオープンしてから1時間後に入場制限が。まずは悠然とレストランでミートボールを。この時のオープン記念グッズは、牛柄のダーラナホースがモチーフのショッピングバッグ。シンプルかつ迫力のあるデザインが素晴らしく、このあとなかなか心を動かされるバッグに出会えません。買いだめしたのにどんどんなくなっていき、今はもう3枚くらいしか手元にないのです……。私のベストオブIKEAバッグ。

AUGUST 1, 2008
IKEA鶴浜

　関西圏で立て続けの開店です。羽田から朝７時発の飛行機で眠くて倒れそうになりながら伊丹空港に着いたものの、電車の乗り換えで環状線を逆に行くという関西素人なミスを犯すも、開店の10時にギリギリ間に合った！　と思ったら誰もいません……なんと30分早めにオープンしていたのでした。記念にエントランスでスウェーデン国旗のフェイスプリントをしてくれていたのですが、私は手の甲にしてもらいました。これだけでもずいぶん気分が上がります♪　オープン記念グッズは、鶴浜のURLとスウェーデン国旗がプリントされたショッピングバッグ。お昼すぎには『エルマガジン』誌の取材で店内の見所を解説。子供だけにロケット型の風船が配られていて、私がいかにも欲しそうにしていると知らん子供が「あげる……」と言ってくれたのですが、IKEAの中で子供相手にカツアゲまがいのことしたらアカン！と自制し、本当はもらう気5000％だったのをぐっとガマンしました。また帰りがけには大阪の知人と店内で待ち合わせ、帰りに車で送ってもらうことになっていたのですが、駐車場があまりに広すぎて車を停めた場所を完全に失念するという珍事が起きました。

NOVEMBER 19, 2008
IKEA新三郷

　あれよあれよと日本に5店目のIKEAがオープンです。またもや関東圏。千葉のTokyo-Bay、神奈川の港北、そして埼玉の新三郷。この頃私は美大の大学院に通っていて、人生で最も時間的余裕がありませんでした。この日も授業と授業の間に新三郷へ行くという計画で、店舗滞在時間はたったの15分という狂ったスケジュール。しかしなんと埼玉在住の友人が、レジ要員（買ったものを受け取り会計をしてくれる）として来てくれることになったおかげで少し安心しました。とはいえ予想外のロスが。新三郷は地図上は駅からとても近いのですが、入口が反対側なのです……。14時過ぎに駅に着き、IKEAの壁伝いに延々と歩く心細さは、ローマのバチカン博物館並みでした。結局10分もいられなかったのですが、取り急ぎオープン記念品（オレンジ色の吹き出しのついた布製のエコバッグ）をむんずと摑んで友人に託し一路大学院へ。いいのです、タッチアンドゴーでも、オープン日に行くことが重要なのですから！

→ オープン初日勝手に駆けつけ隊！

IKEA仙台ミニショップ

　この年の3月、日本は東日本大震災により壊滅的な被害を受けました。IKEAは仙台の泉区に2011年9月26日、被災地に必要な日用雑貨をメインにした通常店舗の約3分の1サイズのミニショップを緊急オープン。年末に立ち寄ることができました。入ってすぐに食器類などがあり、次に寝具。各所におなじみのソフトトイが山盛りで和みました。（2014年5月11日に閉店）

IKEA福岡新宮

　いよいよ九州1号店、IKEA福岡新宮のオープンです。博多駅から電車で25分の「新宮（しんぐう）中央」駅下車すぐ。IKEA Tokyo-Bayもかなり駅から近いのですが、改札から全速力で走って30秒くらいと、世界的にも珍しい好アクセスです。14時ころに着いたのですが、まだまだ長蛇の列で、しかも4月なのに異例の暑さ。IKEAからは水が配られました。私の周りでは待ちくたびれてケンカし始めたカップル、疲れ果てたご高齢の方などが次々に離脱していったので思ったより入店は早かったです……。驚いたのが、あれだけ並んで入店したのに、誰もベッドに倒れ込んでいないこと！ IKEA Tokyo-Bayでは身を預ける人が続出していたのに……。オープン記念グッズは、店名の入ったショッピングバッグと、向きを変えることによって、時計→温度計→タイマー→アラームと、自動的に機能が切り替わる小さな時計。福岡バージョンの青×黄色のカラーリングでした。

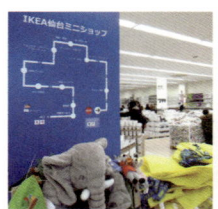

APRIL 10, 2014
IKEA立川

東京都にIKEAがやってきました。立川駅からはモノレールに沿って徒歩10分くらいとちょっと歩くのですが、遊歩道になっているので晴れた日は抜群に気持ちいいお散歩コースに。関東にはIKEA経験者が多いためか、エントランスに並ぶ人出は落ち着いたものでした。車での来場者による交通渋滞が懸念されていたので、オープン記念グッズは、最寄り駅でサイトにチェックインするともらえる交通カードのパスケース（オープン当初は駐車場も有料）。そしてこの日もまずはレストランへ。ミートボールと一緒に青と黄色のスウェーデンカラーのロールケーキをいただき！

JANUARY 2, 2015
IKEA仙台

2014年の5月に仙台のミニショップが閉店し、代わって同年7月14日に太白区に大型店舗がオープン。……が、どうしても行くことができず、半年後の2015年1月2日に訪問とあいなりました。この時は地元仙台のローカルTV局の収録で、IKEAの初売りをレポート。仙台は初売りに情熱を燃やす土地柄のようで、他のIKEAに比べると福袋が飛ぶように売れていたり、部屋丸ごとバーゲン価格で初売りをしていたりと、見ているだけで福を分けてもらえるようでした。

(2015年10月23日にはIKEA Touchpoint 熊本という、オーダーしたものを後日受け取りに来るというスタイルのショップもできています。2018年7月31日に閉店予定)

OCTOBER 9, 2017
IKEA長久手

名古屋中京テレビ『前略・大徳さん』のロケで、オープン2日前のプレオープンへ。とはいえマスコミ以外にも地元のご招待客の方がいっぱいで、通常のオープン日と変わらない混雑っぷり。愛知の皆さんの期待値は相当のもので、オープン後はさらなる混雑だったそうです。オープン記念グッズは、タンブラーとショッピングバッグ。タンブラーは￥899、IKEA FAMILY会員だと￥499で、なんとこのタンブラーを持参するとIKEAレストランで1年間コーヒーが無料になるのです！ みなさんがどんな買い物をするのかチラチラ観察するのですが、長久手では数百円のリーズナブルなものを買う人と、数万円のものを買う人に分かれるような気がしました。実際、この時の番組収録で紹介したものも、真ん中の価格帯がポコッと抜けているのです。愛知県人の買い物の傾向なのでしょうか……？

OCTOBER 19, 2017

IKEA Goyan（韓国）

IKEA長久手オープンから8日後、お隣の韓国Goyan
に第2号店がオープンとのことで、行ってみました。
場所はソウルの中心から1時間ほど、東京でいえば
IKEA立川のような立地です。ソウルに着いたのは
前日の夜。翌日に備えて早めに寝たはずが……寝坊
した！　オープンは10時だから9時には着いて並び
たかったのに1時間押しに。途中からタクシーを使
い、30分短縮。とても世話焼きの優しい運転手さん
で、現場の係員に何度も「この人日本人だけどね、
わざわざ来たから、頼むよ！（というような韓国語）」
をことづけてくれたおかげで迷わずスムーズに列に
並べたのでした。

　IKEAはロッテの巨大なアウトレットモールと
くっついていて、エントランスではIKEAのコワー
カーたちが歓迎の花道を作り、オープンプレゼント
の黒猫のぬいぐるみ（LATTJO）を配ります。華々し
くて楽しい！　そしてまずはレストランへ。初日は
ミートボールと決めているのですが、周りを見ると
皆さん何やらもう1つオーダーしているよう。表の
看板にはありませんが、キムチチャーハンを注文し
ているではありませんか！　もちろん私も至急追加。
意外にぴったりな組み合わせでした。売り場には日
本では買えない自転車がどーん……羨ましい。出口
付近に冷凍ミートボールの試食販売があり、ソフ
トクリームはコインを機械に入れるとくるくる出て
くるシステム。なんだか全体にライブ感があって
とっても楽しい初日でした。これからも時間（と費
用）の許す限り、海外のオープンにも行ってみよう！

IKEA Goyan（韓国）オープン記念
ソフトトイ、ネコ「LATTJO」（2017）
店内では￥499のものを無料配布に

IKEA 港北
6周年
記念

文房具セット
小さなブルーバッグが
愛らしい

牛柄ダーラナホース（2008）
神戸といえば神戸牛！
のイメージだそう

IKEA神戸
オープン
記念

IKEA
FAMILLY
会員限定

BILLY（本棚）&
KLIPPAN（ソファ）
発売30周年記念
キーホルダー（2009）

IKEA 立川
オープン
記念

souvenirs

今日もどこかでアニバーサリー

記念グッズコレクション

記念グッズはオープンだけじゃない！
周年記念、そして IKEA FAMILY 限定の
オリジナルグッズも。ああもう多すぎて、
追いかけても追いつきません！

パスケース（2014）
駅でサイトにチェック
インしてゲット

IKEA 鶴浜
8周年
記念

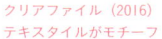

クリアファイル（2016）
テキスタイルがモチーフ

IKEA
福岡新宮
オープン
記念

オリジナルカラー時計
「KLOCKIS」（2012）
回転させると時計／温度計／
アラーム／タイマーに
切り替わる

IKEA
長久手
バスツアー

IKEA 長久手オープン前に催
行された、IKEA 鶴浜・神戸へ
のバスツアー参加バッジ

記念グッズコレクション

Tシャツ（2008）
IKEA Tokyo-Bay
2周年記念として

IKEA
FAMILLY
会員限定

IKEA
FAMILLY
会員限定

エコバッグ（2008）
「はじめまして、よろしく！」
IKEA新三郷のオープンに合わせて

IKEA
長久手
オープン
記念

ショッピングバッグ
「RASKHET」（2017）
モノクロとカラーの2色展開

IKEA神戸
オープン
記念

ショッピングバッグ（2008）
シンプルそして大胆、
オリジナルバッグではベスト!!

IKEA
福岡新宮
オープン
記念

ショッピングバッグ
「KLAMBY」（2012）
数色あった……はず

《はみだしネタ》ポーランドのブランド「Mr.Gugu & Miss Go」から「FRAKTA」の表面をプリントしたTシャツやレギンスなどが発売された。

イケア
ジャパン
10周年記念

ステンレスボトル（2016）
青いダーラナホース には
スウェーデンの国旗と
漢字の「十」が

IKEA神戸 3周年記念
タンブラー（2011）
好みで中のデザインを
入れ替えることも

IKEA神戸
3周年記念

IKEA
長久手
オープン
記念

タンブラー（2017）
バッグと同じデザイン。
高さ19cmのビッグサイズ

IKEA港北
オープン
記念

ふろしき（2008）
88cm角にカットされた
ファブリック

IKEA
Tokyo-Bay
2周年
記念

ハンドタオル（2006）
ふわふわとした気持ちよい手触り

《はみだしネタ》2018年にIKEAから初の「香水」が発売される予定。

FLAXTA

全長70cmサーモン型スマホバッグ

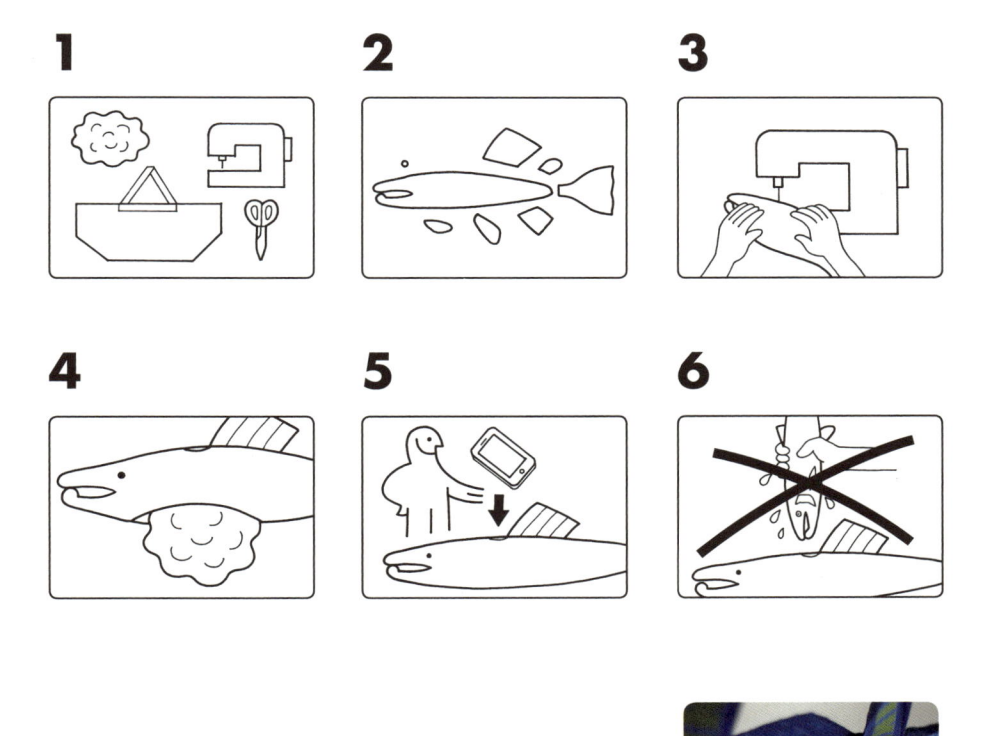

Workshop

オリジナルグッズ・ワークショップ

IKEAには創作意欲を刺激する、素材として使いたくなるものがいっぱい。
ひとりでモクモクと、友達とにぎやかに、親子でなかよく、
IKEAの商品を使って世界にひとつだけの雑貨をデザインしてみよう！

ブックカバーを作ろう

使うもの……カードゲーム（BEVISA）、
はさみかカッター、マスキングテープ

1 カードゲームの中からお気に入りを選び、
　裏面と交互に並べコピーを取る
2 カバーしたい本やノートの上下のサイズにカットし、
　両端を折り返してマスキングテープで固定する

ファブリックのポストカードを作ろう

使うもの……ファブリック（NEDJAなど）、
はがき大の厚紙、はさみ、両面テープ

1 ファブリックの上に厚紙を乗せ、切り取る場所を決める
2 厚紙に両面テープを貼り、
　ファブリックの裏面に貼り付けてから切り抜く
（カードは6gまでは62円、7g以上は封書と同様となります）

　注）商品の取り扱いはIKEAが推奨するものではなく、著者個人の判断で制作しているものです。

時計をアレンジしよう

使うもの……時計（SNAJDARE、STOMMA）、
紙ナプキン（MÅTTLÖSなど）、ビーズ（PYSSLA）、
はさみ、デコパージュ用の糊、平筆

［紙ナプキンで］

時計のカバーがあればいったん外す

1 紙ナプキンを切り抜いて、
　プリントしてある1枚だけを剥がす
2 貼る位置を決めたら、
　デコパージュ用の糊を時計に平筆で塗る
　針を外した方がやりやすければいったん外す
3 紙ナプキンを載せ、
　ウェットティッシュで優しく押さえつける
4 最後にデコパージュ用の糊を全体に塗る
5 乾いたらカバーを取り付ける

＊マーカーやクレヨンで描き足してもOK。

［ビーズで］

時計からカバーをいったん外す

1 文字以外の部分にデコパージュ用の糊を多めに塗る
2 ビーズを付ける。針を回しながら、不要なビーズを取り除く
3 位置が決まったら、デコパージュ用の糊を上から全体に塗る
4 乾いたらカバーを取り付ける

＊ビーズの色を選んでも面白い。

オーサさん IKEA を語る

キャラクターはもちろん背景のタッチ、効果線、そしてずっこけかたまでどう見ても日本で生まれ育った人が描いたような漫画なのに、作者は生粋のスウェーデン人、オーサ・イェークストロームさん。2015年頃、オーサさんのブログをひと目見てファンになった私は、偶然にも出版社の同じ担当さんにお世話になっていたため、お会いすることができました。自らのスウェーデン愛、IKEA愛を暑苦しく語る私に、「以前IKEAの仕事をしたことがあります」と完璧な日本語で軽やかに返すオーサさん。ええーっ、ホントですか!? それがこのファブリック『Charlotta』だったのです。はい、記憶にあります。これこそ日本人がデザインした作品と思い込んでおりました。

時を経て2018年の3月、オーサさんと私が同じラジオ番組にリレー式で出演し、北欧についてお話しすることになりました。その後フィーカ（日本でいうところの「お茶」）しながら、やっとIKEAの仕事をした時のことを聞かせてもらうことができたのです。IKEAにはスウェーデンで働くデザイナーと、外部で仕事を受けるデザイナーが合わせて常時100人ほどいるそうです。

──どういう経緯でIKEAの仕事をすることになったんですか？

「2008年頃に私の仕事を見たというIKEAの方から連絡があったのです。『北欧と日本を繋げる』というテーマで商品を作りたいということでした。絵を描く上での厳しい制約やリクエストは特になく自由に描けたのですが、作業日程はかなり短くて、1週間くらいでとにかく大量にラフスケッチをし、その中からIKEAがいくつか選び、2週間くらいでデータにして仕上げるというペースだったと思います。モノクロのラインで入稿して、色はIKEA側で選びました」

──なんと、意外にもかなりタイトですね。

「マルメ（オーサさんが通っていた専門学校があったところ。スウェーデンの南部でデンマークの近く）で一度打ち合わせをして、その後（IKEAのデザイン拠点である）エルムフルトのスタジオでプロフィール写真を撮影しました。その後もキッチングッズの柄を考えたりしたのですが、それらは商品化されませんでしたね。ギャラはロイヤリティではなく、実働費の形式で支払われました」

──私が好きなのは東京のネオンの夜景です。整然として派手というか、他の国にはない日本（東京）らしさがあります。オーサさんが気に入っているのはどの柄ですか？

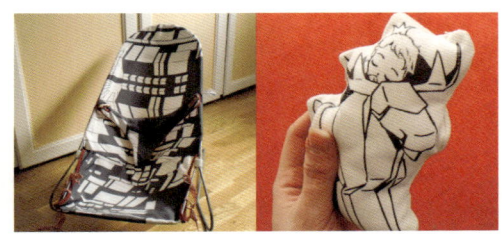

オーサさんの家族が作ったカーテン（左）、オーサさんのお姉さんが作ったベビーチェア（中）、そしてオーサさんが姪っ子ちゃんに作ってあげたオモチャ（右）、ヘラジカの背中にかわいい子供のイラストが描き足されています。IKEAのファブリックは幅が広く丈夫で厚手のものが多いので、いろいろ使えて楽しいのです（オーサさんのお姉さん撮影）

「折り紙のムース（ヘラジカ）が一番好きです。2011年に日本に来た時は店頭で見かけて嬉しかったのですが、今見るとちょっと恥ずかしいですね、日本の漫画家のレベルと違うので……」

──IKEAにはよく行きますか？

「よく行くのはIKEA立川です。クリスマス前にはスウェーデンフードマーケット（出口近くの食品コーナー）で買い物をします。ホットワイン、ハウス型のクリスマスクッキー、ミートボールのソース（ミートボールは自分で作る）、キャンディ、ハム、サーモン、ニシン、リンゴンベリー（こけもも）ジャムなど。前はいろいろなメーカーのものが置かれていたのですが、今はプライベートブランドばかりになってちょっと残念です。ヴィーガン向けの食材（肉団子ならぬ野菜団子のベジボール）が発売されたのはいいですね。

　そういえばスウェーデンでは（IKEAでも売っている）肢の長いブラシで食器を洗うのが一般的なので、母が日本に来た時に私がスポンジで食器を洗っているのを見てとても驚いて、後でブラシを7本くらい送ってきました。スウェーデンでスポンジは清潔でないイメージがあるんです」

──食器をブラシで洗うのは日本人にはちょっと

想像できないですね……ただあのブラシのプロトタイプは、ストックホルムの博物館にうやうやしく展示されるくらい、スウェーデンではポピュラーなんですよね。さてIKEAで買ったもので気に入っているものはありますか？

「紙製のランタンのようなフロアランプです。スウェーデンでは照明はとても重要で、片づいていない部屋でも照明を上手く使えばきれいに見えます（笑）。最近はそうでもないのですが、キャンドルもよく買っていました。スウェーデンの実家にはIKEAのものはそんなに多くはなかったです。ひとり暮らしの学生とか若い人のためのもので、いつかは卒業するイメージなのですが……今の私の部屋はIKEAでいっぱいです（笑）」

[オーサさんプロフィール]
スウェーデン出身。日本のアニメと漫画に影響され漫画家になり、日本の専門学校に留学。その後編集者の目に留まり出版された、日本での発見の日々を描いた『北欧女子オーサが見つけた日本の不思議』シリーズ（KADOKAWA）が累計20万部突破の大ヒット。最新は第4巻。P.144にはIKEAの話も。オーサさんの目を通して見た日本も興味深いけれど、スウェーデンの文化や考え方が随所に見られて面白い。

Älmhult

IKEAの聖地・エルムフルト巡礼

飛行機と電車で15時間。
IKEA発祥の地、
再び雪深いエルムフルトへ!

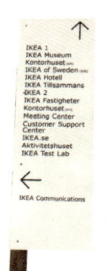

往来の立て看板に並ぶのは、
上から下までIKEAの関連施設

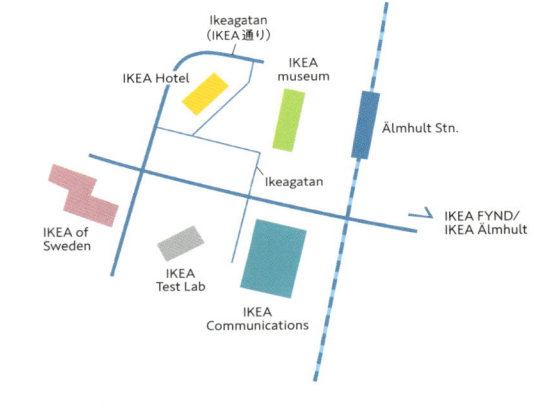

さささ寒——い!! でも嬉しいっ!! 再びやってきましたスウェーデンはエルムフルト。12年前『IKEA FAN BOOK』の取材で訪れたIKEA発祥の地です。IKEA創業者のイングヴァル・カンプラード氏の出身地であり、第1号店が1958年にオープンした場所で、IKEAのデザイナーたちがデザインを生み出す本拠地であり、いわばマニアにとっての聖地なのです。今回は夢にまで見たIKEA Hotelに泊まり、前回はまだオープンしていなかったIKEA museumを堪能し、様々なデザインの現場を訪ねて回るIKEAまみれの毎日になります。

以前はスウェーデン北部にある首都ストックホルムから電車に乗り、エルムフルトまで3時間半の旅でしたが、今回はデンマークのコペンハーゲンの空港から電車で2時間弱。飛行機は日本からストックホルムへの直行便はありませんが、コペンハーゲンならあるのです。ぐっすり眠って映画を2本ほど見ればあっという間に着いてしまいます。空港はとてもよく整備されていてわかりやすく、到着ロビーと地続きに鉄道の駅があるので、券売機で切符を買って乗り込めばエルムフルトまで一直線。デンマークから向かうほうがずっとラクだとは盲点でした。

さてこのIKEAツアーは2月。ただでさえ寒い北欧の真冬、雪もガンガン降っています。しかもこのときヨーロッパ以北は強烈な寒波に見舞われ、外の気温は連日マイナス10℃以下。これだけ寒いと雪に湿り気がなくなり片栗粉のようにサラサラして、雪だるまを作ることすら難しくなることを初めて知りました。しかしさすが北欧、電車の中や屋内はどこも暖かく、快適そのものです。

エルムフルト駅の西側に、IKEAの関連施設がだいたい半径500m以内に固まっていて、どこにでも歩いていける距離。1号店だけはミュージアムになってしまったので、駅の東側に引っ越ししています。周辺はIKEAタウンと呼ばれているとおり、12年前と同様IKEA以外の社屋はあまり多くはありません。歩いていて「Ikeagatan」(IKEA通り)の標識が目に入ると、遂にまたやってきたのだと胸が熱くなります。

今回訪問するのは「IKEA直営のIKEA Hotelとホテルのレストラン」、「IKEAの商品に関するすべてが見られるIKEA museumとショップ&レストラン」、「商品の開発拠点・IKEA of Swedenに併設されたデモクラティック・センターと試作品を作るPrototype shop」、「商品の耐久試験を行うIKEA Test Lab」、「あらゆる画像に対応する撮影スタジオのIKEA Communications」、そして「新1号店と、棟続きのアウトレットIKEA FYND」とてんこ盛り。寒いどころか、むしろ熱くなってまいりました!

IKEA museum

私とあなたと過去と未来が交差する、
IKEA museum は宇宙だった！

　IKEA museumはずいぶん前から存在するも、観光客が気軽に入ることはできませんでした。IKEAの社員研修などでしか入場は許されず、私の中で妄想はとめどなく膨らんでいきました。ああ見たい！見たくてもうどうにかなりそう……になった頃、2016年の6月末にグランドオープンと聞き、生活のすべてをここに来ることへ照準を合わせて生きてきました（ちょっとウソ）。元はIKEA1号店、ということは相当な規模。現地では嬌声をあげて走り出したくなる気持ちをグッとこらえるのに必死でした。

　入ってすぐにIKEA museum restaurantがあり、その先がチケットカウンターです。入場料は大人SEK60（約800円・2018年5月現在）。通常は10時から18時までの開館です。入り口正面には巨大なカンプラード氏の肖像画があり、近づいてよく見ると従業員ひとりひとりの顔写真で作られています。すぐそばには18年2月に逝去したカンプラード氏を偲ぶ小規模なパネル展が設えられていました。

　ミュージアム中央には吹き抜けがあり、外光も適度に入りとても開放的。展示は地下1階から地上3

入口前の建物には企画展示の案内が掲げられている

"Att skapa en bättre vardag för de många människorna"

"To create a better everyday life for the many people"

従業員ひとりひとりの写真でできた創業者の肖像画

吹き抜けのチューブをボールが駆け巡り、天井付近には名作家具がゆっくりと廻る

階までで、地下には企画展スペースと荷物ロッカー、トイレがあります。この時の企画展は1930年代から2000年代のテキスタイルデザインの歴史。1階には広めのIKEA museum shopがあり、カラフルな色の洪水に吸い込まれそうになります。が、美味しいものを取っておくように、すべての展示を見終わるまでちょっとガマンです！

　1階から吹き抜けを見上げると、館内を縦横無尽に通る透明のチューブがありました。3階からチューブの端にボールを入れると、空気圧でジェットコースターのように勢いよく走りぬけ、最後に地下の大きな箱の中にポトリと落ちるという楽しい仕掛けです。このボール、どこかで見たなと思ったら、アレです。ボールプール（P.40）のボールなのでした。さらに3階の天井には、レールがぐるりと大きな長方形を描き、そのレールを伝ってIKEAの数々の名作家具の写真がゆっくりと厳かに廻っています。見るものひとつひとつを味わいながら、日本に戻ってもいつでも脳内再生できるよう、全身でミュージアムを堪能するのです。すでに帰りたくない！

展示に誘うのは虹色のプロダクト　　　　　　　　　　19世紀の地元スモーランドの慎ましい暮らし

1.その昔スモーランドには木工で生計を立てる人が多かった　2.IKEAの人気商品ゲートレッグテーブルの原型は1800年代からスモーランドにあった　3.スウェーデンの住まいは20世紀中盤から洗練されていった

というわけでまずは2階へ。ミュージアムの展示は、2階の「私たちのルーツ」「私たちの物語」、3階の「あなたの物語」という3つのゾーンから構成されています。色別に美しく仕分けされたIKEAの商品群の花道を通りぬけると、「私たちのルーツ」ゾーンです。創業者カンプラード氏の出身地である、ここスモーランド地方の19世紀から現代までの生活がわかる展示になっています。農耕や木材の加工で慎ましく暮らしていた人々の家具や調度品をよく見ると、経年変化でかなり傷んではいるのですが、使い勝手の良さそうな桶や折りたたみ式のテーブルなど、その後のIKEA製品に繋がるような、その時代

なりに洗練されていたものも多々見受けられました。確かにルーツです。

奥に進むと時代は移り変わり、20世紀になって便利な電化製品やプラスチックの日用雑貨が登場し始めます。しかしスモーランドの人々の暮らしは依然として質素でコンパクトであり、人々は工夫しながら生活していました。1930年代からは国の政策で多くの集合住宅が建ち始め、政府主導で文化的な生活を推し進めることとなり、1950年頃に住宅が行き渡るのです。

さらにその先の展示には、うやうやしくアクリルのカバーがかけられた古いマッチ箱が登場するので

IKEA の原点。

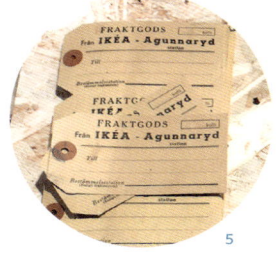

1.創業者カンプラード氏が子供の頃に仕入れて販売していたマッチ　2.IKEA が 1951 年に初めて発行したカタログ。この翌年 1 号店がオープンする　3.アメリカから輸入していたノベルティ用のペン　4.1957 年の IKEA の社員旅行の写真　5.メールオーダーを受けたものを列車で発送するためのタグ　6.創業者の秘話もじっくりと聞ける

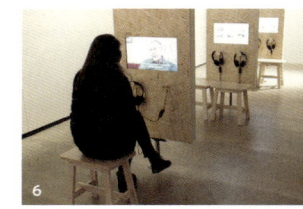

すが、これが紛れもない、IKEA の原点です。1926 年にスモーランド地方で生まれたカンプラード少年は、なんと 5 歳の頃に早くもビジネスセンスを発揮して、マッチを安く仕入れては、大人たちに売ってマージンを稼いでいました。マッチの周りには記念すべき 1 号目のカタログや、まだ小さな会社だった頃のマヨルカ島への社員旅行の写真などが並びます。今とはまったく違う IKEA のロゴマークがついた貴重なレターヘッドや封筒は保存状態もよく今も使えそう。いくつかあるモニターの前にゆったりと座って、ヘッドホンでカンプラード氏のインタビューを聞くこともできます。なかには開業当時家具が売れすぎ

て、競合他社からの圧力によりサプライヤーにボイコットされた苦い過去の経験談も。ただそんな事件があったからこそオリジナルの商品開発をするようになったのです。

　1800 年代後半、世相と逆行し清楚な暮らしを描き続け、それがスウェーデン（北欧）デザインの礎を確立させたという、画家カール・ラーションの紹介もあります。このように「私たちのルーツ」ゾーンをひと通り見ることによって今まで IKEA が培ってきた文化と歴史に納得、そして 3 階の「私たちの物語」ゾーンでビッグバンのごとく、近年の IKEA の怒涛の商品開発を目の当たりにすることになるのです。

AB IKANO
ÄLMHULT

　この流れで3階へ。壁際には、年代を追ったカタログの表紙とともに、その年の主な商品とデザイナーたちがずらりと紹介されています。ひとつずつ見ていると、時間がいくらあっても足りなーい！併せてロゴマークの変遷も見られるのですが、ごく初期はEの頭にアクセント符号を付けているところがちょっとフレンチテイストで、北欧の家具であることをアピールするのは、この後市場が拡大してからということがわかります。

　50年代から80年代まで、それぞれの時代に発行されていたカタログから飛び出たかのように完璧に再現された家具の前に立ってみれば、まるでタイムマシンに乗ってやってきたような気分になります。当時らしい配色に美しいカーブ、これらリバイバルして発売されたら、買う人はいっぱいいるんじゃないでしょうか？

　商品の素材の移り変わりも見応えあり。木と金属の時代からプラスチック全盛期を経て、ハイテクなリサイクル素材へとシフトさせてきた歴史は、この先の未来にも柔軟に対応できることを予感させます。

　ここでもう一度2階に戻り、「あなたの物語」の

7

8・9

KLIPPAN

10

11

語」エリア。消費者とIKEA商品との恋愛関係のように濃密な関係が語られる 8.BILLY（ロングセラーの本棚）をこよなく愛するカップルの私物がそのまま展示されている 9.代表的な商品とそのデザイナーを年ごとに紹介したパネルが壁にずら～り 10.ロングセラーのソファKLIPPANに今まで発売された100種を越えるカバーが投影される 11.天井に家具を逆さにつけたり、名作家具のパネルをぐるぐる回すなど、空間が無駄なく利用されている

ゾーンへ。IKEAの文化的背景と商品の歴史を見た後は、いよいよ私たちの番。1979年からロングセラーとなっている本棚のBILLYがクローズアップされています。BILLYは世界中のどんな部屋にも似合うプレーンなデザインですが、これがないと生きていけないという気合の入ったファンが多いことで知られています。「BILLYとともにある生活」として、こういったファンたちがBILLYとどう暮らしているのか、何人もの生活がレポートされ、改造されたBILLY、使い倒してボロボロになったBILLY、ピンク色にデコレーションされたBILLYなどが紹介されています。床にまで写真が貼られ全方位BILLYだらけ、もうBILLY愛がすご過ぎてむせ返りそうです。中身ごと持ち主のBILLYが再現された場所に佇むと、本人のBILLYに対する思いが頭上のスピーカーから聞こえてきます（スウェーデン語なので何を言っているのかは全然わかりませんが）。この偏愛っぷりにはなんだか泣けてきます。そしてここには誰もが夢中になるに違いない、あっと驚くアトラクションがあるのです。……それは!!

65

IKEA®

Rum för livet

KVISTBRO
förvaringsbord
se s. 40
459:-/st

IKEA

1.CHECK!

まずは自分の位置やポーズをモニターでチェック。シャッターまでのカウントダウンが表示されるためついモニター目線に……

2.PUSH!

ポーズが決まったら壁についている大きな赤いボタンを押す。10秒後にシャッターが切れるセルフタイマー式

3.PRINT!

1分ほどで完成！ 壁から写真が出てきます。カタログと同じ大判サイズで出力されるのも嬉しい

なりきりカタログ表紙!!

IKEA
Rum för livet

リアル2018年度版カタログの表紙。家具はほぼ忠実に再現されています。自分がこの中に入れるなんて…！（号泣）

　私が今回のエルムフルト取材で最もやってみたかったことが、IKEA museum ２階の「あなたの物語」ゾーンの中にあります。ここではなんと、カタログの表紙に自分が入り込んだ写真を撮影できるのです！

　行ってみると何やら騒がしく……2018年度版カタログとほぼ同じセットの中で、先に来た大人たちがきゃっきゃとはしゃぎながら自動撮影に興じているではありませんか。駅の証明写真のように、ボタンを押してしばらくするとシャッターとともにストロボが焚かれ、しばらくすると大判の写真がプリントされて出てきます。いやこれ、楽しすぎます、これにはしゃがないでいられるでしょうか。マニアのツボをとことん心得ている IKEA museum、これじゃあ毎年来て撮影しなければ気が済まないじゃないですか、と心の中で困ったり喜んだりしてニヤニヤしながらミュージアムショップに向かったのでした。

225:-

IKEA

IKEA

TAJT text sidan 3

IKEA

IKEA KATALOG 1973

Stora Bält

Stora Bält

Stora Bält
påslakan
36:—

Ilse

Ilse

Ilse

Ilse·Dormi

Laila

Tusen

Varié

VARIÉ [MED] [V/BN] [FAKTA] Komplett pås-lakanset med örngott mönstrat påslakan 150×210 cm och örngott 50×60 cm samt en-färgat underlakan 150×250 cm. Mangel-fritt, 50 % bomull och 50 % rayon (poly-silk). Gult, grönt eller brunt.
34368 påslakan+underlakan+örngott, välj färg kr .... **66: —**

LAILA. Påslakan och örngott av 100 % bomull. Trevligt blommönstrat. Grönt el-ler blått.
Påslakan Laila 150×205 cm.
34378 välj färg kr .... **25: —**
örngott Laila 50×60 cm.
34379 välj färg kr **4: 75**

DORMI [MED] [V/BN] [FAKTA] Underlakan och örngott, färgkoordinerat till våra påsla-kan. Mangelfri 100 % bomull. Enfärgade i grönt, orange, brunt, vitt, gult eller tur-kos.
Underlakan Dormi 150×250 cm.
34413 välj färg kr **23: 50**
örngott Dormi 50×60 cm.
34414 välj färg kr **7: 50**
197

69

1973年／サイケな柄のファブリック。1971年にはIKEAの収益の25%をテキスタイルが占めていた。カラフルな絨毯も花盛りで、大きなロールで置いてあるものから客が自分でカットしていた

Trofé

...trä. Inte en enda liten skruv. Trofé är
...ter rakt igenom. Mjuka, hållbara och
...r både stadga och balans, de ger efter
...ket som känns behagligt. Här som efter
...viktig regel — det är formen, mättsätt...
materialet som tillsammans gör en sitt...

...kt rätt så komplicerat att konstruera
...stermöbler så att formen och mjukheten
...in rätt. Formgivaren Gillis Lundgren har
...oblemen på ett smått genialt sätt. Trofé...
...numera patentskyddad (pat.nr
306815).

Trofé är attraktiva möbler ur miljösynpunkt. Den lediga formen och den färgglada klädseln ger en ungdomlig och okonventionell interiör som det är lätt att bygga vidare på. Senior-fåtöljerna kan ställas samman till en soffa som ni vill det. Ryggkudden gör bra att ha som fotpall till fåtöljen. Och sittkuddarna kan man göra säng eller bord av.

Trofé

Den mjuka, smidiga nylonjerseyn med ruggad yta är avtagbar. Tvättbar. Fåtöljerna finns i mörkblått eller orange, kuddarna dessutom i rött.

Vuxenfåtölj TROFÉ SENIOR är 70 cm hög, 75 cm bred och 75 cm djup. Vikt 7 kg. Mörkblå eller orange klädsel.
09561 valfri färg (inkl. moms) kronor .... **146:—**

Vilfåtölj TROFÉ VIL 70 cm hög, 75 cm bred och 100 cm djup. Vikt 8 kg. Mörkblå eller orange klädsel.
09560 valfri färg (inkl. moms) kronor .... **173:—**

Ryggkudde/pall Trofé är 70×50×30/15 cm. Vikt 3 kg. Mörkblå, orange eller röd klädsel.
09564 valfri färg (inkl. moms) kronor .... **48:—**

Sittkudde Trofé är 75×75×15 cm. Vikt 3 kg. Mörkblå, orange eller röd klädsel.
09565 valfri färg (inkl. moms) kronor .... **52:—**

Matta Solliden, se sidorna 192—193.

Trofé som bädd.

På lilla bilden har vi lagt ihop två sittkuddar och en ryggkudde till en skön säng — hela den extrabädden kostar med moms bara 152:—

Trofé för barnen!

På sidan 128 ser ni Trofé Kid och Trofé Junior, klädda i manchester. Ett par Trofé-varianter för husets yngsta. Gissa om Trofé blir populära i barnkammaren!

Patent nr 306815

---

en högrygg...
tyg för som s...
70
ler turkos

struktur och i hela sex,
...bler. Färger: brunt, beige,

...ler beige

orange

grått

1968年/欧米は好景気。ビートルズ絶好調。メキシコ五輪開催。POPな色彩の家具が増える。折りたたみのテーブルは昔も今もずっと作り続けられているシンボリックな家具

DINERA系列 由Susan Pryke設計・粗陶器・
碗 $15.9/隻 Ø14cm・褐色 301.589.75
碟 $26.9/隻 闊20×長30cm・褐色 001.589.86
BLANDA MATT碗 $59.9/隻 由Anne Nilsson設計・
實心欅木 Ø12cm 501.796.27
SNUDDA旋轉餐盤 $79.9 可轉式底座・方便使用・
實心欅木，最高可承重12kg・Ø39cm 401.764.60

スウェーデン王室御用達

IKEA Svenska Försäljnings AB

$ 1.95
RATIONELL plastic bag dispenser

New!

New!

IKEA has lots of ways to help keep your kitchen organized. See more ideas at the store.

BELINDA
¥19

动人的品质，可心的
叫我怎能不一见倾心

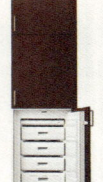

1. 2012年香港／味噌汁にワサビ?? 2. 2001年アメリカ／カラフルiMac流行の影響？ 3. 2011年日本／IKEAは王室御用達 4. 2007年中国／テキスタイル『BELINDA』は「感動の品質、良心的価格、これが惚れずにいられようか！」 5. 2006年オランダ／シックな冷蔵庫

¥6,900

BILLY/ビリー 書棚

私が最初のBILLY/ビリーをデザインしたのは30年前のこと。それ以来、なるべく安い世界中に家具を届けようとしてきました。ここに並ぶのも日本最初のBILLY/ビリーです。

Gillis Lundgren

BILLY/ビリー 書棚はちょうど30年前に生まれました。その当時に比べると、生産コストはかなり削減されています。つくるほど、そしてフラットパックが平らになればなるほど、製造コストと輸送コストを節約できるからです。だから今の価格になったのです。

6 7

Hot Breakfast
99¢

...fast 99¢ The best deal in town! Breakfast includes: bacon, roasted ...and scrambled eggs. Served 9:30am – 11am daily in most stores. ...your local store for exact times.

Did you k...
weekdays IKE...
feature a D...
starting at...

$6⁹⁹/bag

Swedish meatballs $6.99/2.5lb bag Made from all natural ingredients. Frozen – heat and serve at home! One package serves approximately eight people.

8

New!

...dinavian –
...le that goes
...any meal

1. **TRALI box w/lid**
Scandinavian design by R&F Moritz
Clear lacquered solid birch. H5″(13cm) $4.95.
H2″(7.5cm) $4.95

2. **SIGILL cutlery set** $39.95/24pcs
Plastic handles with 18/10 stainless steel.
Dishwasher safe. Design: Olle Gyllang.

3. **ELITVIK wine glass**
Mouth blown glass. Dishwasher safe.
Design: Jan Eliasson.
White wine glass $1.95. 7oz(20cl)
Red wine glass $1.95. 11oz(32cl)

4. **MINUSKEL dinnerware** $24.95/20pcs
Microwave and dishwasher safe stoneware.
Lead and cadmium free. Available in grey
or natural. Service for 4 people.

5. **GÄSTABUD series**
Safe for food. Stoneware.
Design: Maria Vinka.
Bowl $9.95. Ø9″(22cm)
Platter $9.95. Ø13″(32cm)

6. **MINUSKEL dinnerware** $34.95/30pcs.
SIRJA placemat $1.95ea. Palm leaves/braided
natural fibers with ribbed edge. Ø15″(38cm)

STOLLE decorative horse $12.95
Handmade in lacquered solid wood.
Design: Katarina Brieditis. H10″(25cm).
IKEA/PS tealight holder $4.95/12pcs.
Glazed feldspar porcelain.
Design: Ehlén Johansson.
Remember: Never leave a lit candle unattended.
PEGGY table napkin 95¢ea. Machine washable
100% cotton. Imported.

139

轻轻松松让拥挤的浴室烧...

浴室总是显得拥挤又狭小？只要将用品收...
· 这里只是几个简单又轻松的解决方案。...
收纳。却不必太多花费。

9

6. 2010年日本 / 本棚『BILLY』の生みの親Lundgren氏。この時点で4100万台 7. 2006年アメリカ / 大盛ミートボールは『2.5lb（ポンド）＝約1kg』8. 2002年スウェーデン / 当たり前のように食卓にザリガニが 9. 2002年中国 / 丸洗可ナイロン製の洗面収納『TRYNEN』

IKEA museum restaurant

目指すはヘラジカ！
ミュージアムレストランは
ミートボールづくし。

滞在していたIKEA Hotelからミュージアムは目と鼻の先。ランチならここ一択でしょう！　看板料理はもちろん店舗と同じくスウェーデンの定番家庭料理、ミートボール。日本でいえば肉じゃがのような存在で、家庭ごとに味わいは変わるそうです。付け合わせにジャガイモとリンゴンベリーのジャムが添えられることが多いのですが、温かくても冷製でもイケるし、サンドイッチに挟んだり、グラタンに入れたりと応用の効く料理です。

入口のメインメニューを見ると1から5番まで（2番のベジボール以外）すべてミートボール。上からノーマルな合挽きのミートボール、植物性のベジタリアンミートボール、チキンミートボール、なんとムース（ヘラジカ）のミートボール、そしてサーモ

ンのミートボール。すべてレストランの厨房で手作業で丸められているそうです。お値段はどれもSEK70（約950円・ハーフは半額）。この他にサラダやスープ、デザート、飲み物も充実していますが、もうメニューは日本で決めてきました。ここならではの、ムースのミートボールにします。コショウを効かせたミートボールは牛肉とそれほど変わりませんが、かすかな野趣が絶妙なバランス。それに蒸し野菜とナッツ、花びらが散らされ見た目にも美しく、食べるのがもったいないくらいです。でも食べる！サーモンボールも頼んでみましたが、こちらは意外にもトムヤムクンスープに入っての提供。さすが何にでも合うミートボール、アジアンとの相性も抜群でした。

野菜に埋もれたヘルシーなムース（ヘラジカ）のミートボール

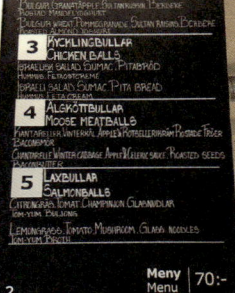

1.高い天井を生かした２階席も人気。2.この日のメニューはすべて「ボール」プレート。3.旅行者でも気楽なカフェテリア方式。お昼時には行列ができる。

Column
3

街で見かけた
IKEA
その1

　スウェーデン・マルメの街を歩けば次々
とIKEAのものが目に飛び込んできて、ま
るでカタログの中に入り込んだ気分！
車のクラクションや工事現場の音がすべ
て音符になって聞こえるという、絶対音
感ならぬ「絶対IKEA感」を得たような感
覚です。IKEAのものが環境に溶け込んで、
完全に街の一部になっていて、探して歩
くだけでまるでゲームのように楽しいか
ら、どこまでも行けそう。レア物を見つ
けると思わず声が漏れてしまいます……。

1. RÅSKOG ワゴン
2. NEGLINGE キャンドルホルダー / ティーライトホルダー
3. POLARVIDE ひざ掛け
4. ROTERA ティーライト用ランタン
5. PJÄTTERYD ウォールアクセサリー
6. TÄRNÖ テーブル&チェア（塗装されています）
7. FASCINERA まな板
8. IKEA 365+ IHÄRDIG スパイスミル
9. OTTIL クッションカバー
10. BORRBY ブロックキャンドル用ランタン

1.欲しいものがこれでもかと並んだショップ。ここに住みたい！

2.買い占めたいミニじょうろ！　3.マグネット各種　4.創業者カンプラード氏が唯一デザインした椅子も　5.IKEAカラーのキャンディ

6.インテリアとして飾りたくなる食品の数々　7.ミュージアムのファサードがモチーフの縞　8.手作りの歪みが心地よい「EFTERTANKE」シリーズ

IKEA museum shop

懐かしの逸品がリバイバル、
意外なサイズとカラーバリエーションに出会える
唯一無二のパラレルワールド

　IKEA好きにとってミュージアムショップは聖地の中の聖地。エルムフルトに行く予定を立てたら、まずはここに滞在する時間をしっかり長めに確保してください。店舗とはまたぜんぜん違う、ここでしか買えないオリジナルグッズ、リバイバルグッズが目白押し。しかもかなり頻繁に入れ替わると聞けば定期的に足を運びたくなるでしょう。ショップだけの利用ならミュージアムの入場料は不要です。

　ショップ入口のカゴに積まれているのは、IKEAの数ある商品の中でも最も優秀なプロダクトのひとつ、「IKEA PS 2002」じょうろ（P.30）のミニチュア。エルムフルトに着いた日にIKEA Hotelのロビーに飾ってあるのを見て一刻も早く入手したくてウズウズしていたものです。やっと手にすることができました……！　最近店頭で見かけませんが、IKEAの時計といえばコレ、キャビネットと一体型の時計「IKEA PS 1995」。ミュージアムのためにリバイバルさせたそうで、しかもじょうろと同じようにミニサイズもあるではありませんか（世界ではここ以外になぜか韓国の新店舗にあるようです）。

　静かに興奮しつつ落ち着いて周りを見渡します。壁面にはIKEAのシンボリックな商品をデザインしたポスターやポストカード、さらにストアでは青色だけのお持ち帰り用バッグが、白・黒・オレンジ・赤・緑と多色展開されています。ちゃんとミュージアムのタグが付いているし（これ重要）とてもいいお土産になります。鹿の足のように蹄が広がっているようなスツールは、唯一創業者カンプラード氏がデザインしたという椅子「MJÖLKPALL」だと店員さんからの説明が。3本足ですが安定感は抜群です。

　レジの周りにはマグネットやバッジ、トランプなど細かいものがあり、一番奥はIKEA発行の書籍や文具のコーナー。ロゴ入りのペンやノートが豊富なカラーとサイズのバリエーションで並んでいます。文具やバッグのモチーフに頻繁に登場する（真ん中あたりでちょっと段違いになっている）ボーダーラインは、1958年代に建てられたこのミュージアム（当時はIKEA1号店）のファサードに沿って走るラインのイメージだそうです。ちょっとパリのポンピドゥセンターを思い起こさせます。

　ミュージアムオリジナルの食品も意外と多く、キャンディ、キャラメル、チャツネ、ジャム、オーガニックシロップ、トリュフチョコなどのなかに、ありましたよ。北欧名物、苦塩っぱいリコリス菓子が！（甘草の一種を使ったキャンディ）。人生で新しい味に出会いたい人はぜひ。店舗出口にあるスウェーデンフードマーケットとはひと味もふた味も違うラインナップです。

　ショップの中央にはハンドメイドの風合いが魅力的な食器・布地・ペーパークラフトのシリーズ「EFTERTANKE」が積み上がっていました。これはタイの北部で6年間という長い開発期間に雇用を生み出し、教育や医療を支えたプロジェクトで、商品は主にイギリスのIKEAで販売されているそうです。IKEAでは今後このような社会活動による実験的な商品が増えていきそうな気配なので、ますます目が離せません。そんなことも、ここにくれば手に取るようにわかります。ミュージアムショップはIKEAの過去と未来を繋いでいる特別な場所だったのです。

IKEA museum shop で買ってきた!

リップクリーム

天然素材のリップクリーム。
気軽なバラマキ土産に
(SEK15＝約¥200)

缶バッジ

身につけるならやっぱり
ミートボールでしょう!
(直径4cm、1コSEK5＝約¥70)

ミニじょうろ

愛らしい佇まいに悶絶、これを買わ
ずして何を買う!? デザインや素材は
オリジナル（P.30）と同じで高さは約
17cm。白、黄、赤、黒があります
(SEK19＝約¥260)

マグネット

上から旧外観、ロゴ、現在の
外観。9×6.5cmと大きめ
(SEK25＝約¥340)

ポスター

IKEAの名物プロダクトのシルエットがプ
リントされた、シンプルで迫力のあるポス
ター。貼ればお部屋がミュージアム!
紙筒に入っているので持ち帰りも万全
(SEK59＝約¥800)

ミニチュア家具

ロングセラー家具「MUMMUT
マンムット」のミニチュア。IKEA
の店頭ではセットとして販売さ
れているもののバラ売り
(イス高さ約8cm、テーブル高
さ約6cm・各SEK25＝約¥340)

キャンディ

ショップは食品も続々並んでいます。スウェーデンカラーが鮮やかなクリームミントキャンディ
（SEK25＝約￥340）

IKEA PS 時計

IKEA PS 1995のミニチュア。高さ14cmでオリジナルの半分、片手に載る大きさ。スチール製でパカッと開けた内部が棚になっているところも完璧に再現。レジ担当のお姉さんをして「これが一番好き」と言わしめたもの
（SEK25＝約￥340）

トートバッグ

途中に切り返しのあるボーダーは、IKEA Museum 外観の形状がモチーフ。オーガニックコットン製
（SEK59＝約￥800）

Köttbullar

(30–40 köttbullar, för 4 personer)
250 g nötfärs
250 g fläskfärs
1 ägg
2–3 dl grädde (eller mjölk) och vatten
2 1/2 msk finhackad lök
1/2 dl ströbröd
2 kokta potatisar, kalla
4–5 msk smör, margarin eller olja
salt
vitpeppar
(kryddpeppar)

Gör så här:
Bryn ett par matskedar smör. Lägg i löken och fräs den tills den får lite färg. Mosa potatisen och blötlägg ströbrödet i lite vatten. Blanda alla ingredienser till en slät smet och krydda ordentligt med salt, vitpeppar och (valfritt) grovmalen kryddpeppar. Forma smeten till runda bollar och lägg dem på en mjölad skärbräda. Stek dem sedan långsamt i massor av smör. Servera med gräddsås, kokta potatisar och lingonsylt.

ノート、ストラップ、リップクリームの3点セット。色や柄は多種多様な組み合わせあり
（SEK45＝約￥610）

ふきん

ミートボールのレシピがプリントされている大判のふきん
（SEK49＝約￥660）

ポストカード

IKEAの名物プロダクトのシルエット、ダーラナホース、創業者カンプラード氏の肖像、昔のカタログの表紙など数10種類あり
（SEK5-12＝約￥70-160）

街で見かけた IKEA その2

IKEAモノはホテルのロビーやカフェなど、人が集まるところによくあります。あまりにもインテリアになじんでいることも多いので、立ったついでに違う角度からもさりげなく確認し、見逃さないようにするのです……。

1. PROPPMÄTT　まな板
2. ODDVALD　架台
3. LINNMON　テーブルトップ
4. SINNERIG　テーブルランプ
5. REGOLIT　ランプシェード
6. SOLLEFTEÅ　ランプシェード
7. KORKEN　ふた付き容器
8. POLARVIDE　ひざ掛け
9. IKEA 365＋　マグ
10. ANTILOP　ハイチェア
11. KORKEN　ふた付き容器

IKEA Hotel

寝ても覚めても食べても IKEA。
IKEA三昧の休日を過ごすなら IKEA Hotel へ。

12年前にここエルムフルトに来た時はストックホルムからの日帰りだったので、フロントを覗いてレストランでミートボールを食べただけのIKEA Hotel。しかし拙著『IKEA FAN BOOK』の「世界のIKEAでミートボールを食べてみた」では訪れた甲斐あって、他の追随を許さぬ味で番付トップに躍り出たのでした。またもや同じ雪深い季節に再訪、今回は連泊することに。嬉しくもちょっと緊張する、現在世界で唯一のIKEA直営ホテルです。

開業は1964年。シンプルで使い勝手のよいビジネスホテルですが、他のホテルと違うのは、目に入るものすべてがIKEAの製品だということ。ロビーはソファにローテーブル、ダイニングテーブルにチェアがまるでIKEAのルームセットように配置されているので、思い思いの場所で寛いだりミーティングすることができます。当然客室も隅から隅まで

IKEAの家具。数日滞在してあれこれ試せるのはいい経験です。特に薄手の掛け布団「RÖDTOPPA」の保温力に驚きました！　ワイヤーの輪で止め壁に掛けられている客室のインフォメーションブックは、ダンボールに印刷されたもの。ドアノブにかけるサインボードは、バルサを切り抜いたもので長年の使用に耐える作りになっているなど、環境に配慮したエコな素材があちこちに。

よく見るとフロントのカウンターは重厚感のある銅板で、床の石灰岩も年季が入っていますが、これらは以前の建物で使っていた素材のリユース。使えるものはとことん使い回すのがIKEA Hotelのコンセプトなのです。

エコを意識したインフォメーションブック

IKEA濃度 100%ルーム

RIGGAD/リッガド
LED ワークランプ
ワイヤレス充電機能付き
¥7,999

引き出しにはもちろん「バイブル」が。

POÄNG/ポエング
アームチェア
¥18,990

VARV/ヴァルヴ
フロアランプベース
ワイヤレス充電機能付き
¥9,990

BERNHARD/ベルナード
チェア
¥18,990

安眠保証
10 時間

LISABO/リーサボー
デスク，アッシュ材突き板
¥17,990

VARV/ヴァルヴ
クリップ式スポットライト
¥3,999

HAMPDÅN/
ハムプドーン
枕
¥899

RÖDTOPPA/ロードトッパ
掛け布団 薄手
¥3,999

ESPEVÄR/エスペヴェール
スラットマットレスベース
¥18,990

ÄNGSVIDE/エング
スヴィーデ
マットレスプロテクター
¥1,499

HÖVÅG/ホーヴォーグ
ポケットスプリングマットレス
¥19,990

KEY

www.ikeahotell.se/en/home/
1 泊朝食付きツイン約16000円
（公式サイトより予約の場合）

LAKHEDEN/
ラークヘーデン
ランプシェード
¥1,999

BUMERANG/
ブメラング
ハンガー
¥499/8ピース

85

　ホテルの朝はビュッフェから始まります。外光がふんだんに入る明るい食堂に並ぶ、キラキラしたスウェーデンの食材。私は寝起きが悪く、東京にいるときはまるで泥沼から這い上がるように起床するのですが、この朝食が待っていると思うとあら不思議。スッキリと目覚めることができます。特に北欧のホテルの朝食はどこも好みの食材が多く、種類も豊富で味にハズレがありません。IKEA Hotelのビュッフェも盛りだくさん。チーズ各種、ハム、パテ、野菜、フルーツ、シリアル、卵料理、ベーコン、そして大好物のチューブ入りのタラコ（商品名は「KALLES」）。北欧ではタラコは昔の歯磨きのような金属のチューブに入っていて、これをパンにチーズや卵を載せた上から絞ります。スーパーマーケットにも必ず置いてあるので、自分土産の筆頭となっています（ご飯といっしょに海苔で巻いてもイケます）。壁のタイルに直にペンでお知らせを書き込みしているのもこのホテルらしい。もちろん、食器やカトラリーがすべてIKEAのものなのは言うまでもありません。

　ホテルの2階と3階にはキッチン付きの広いオープンスペースがあり、まるで家に居るように過ごすこともできます。つまり真冬に来て外に出られなくても、なんら問題はないのです。仕事で滞在の場合はレンタル会議室が4つあり、すべて地元の湖の名前が付けられています（Möckeln, Femlingen, Steningen, Dammen）。イケア・ジャパンの会議室に番号ではなく都市名が付けられるのと同じです。

6.各階にあるオープンスペース。キッチンは自由に使える 7.別のフロアのオープンスペース 8.ランドリースペースにも IKEA のものが 9.ロビーでは好きな場所で寛げる 10.ホテルレストランのミートボール 11.粒のしっかりしたジャム 12.小さな黒い小屋もミーティングスペース

さて夜はホテルのレストランで夕食です。12年ぶりのミートボールはやっぱり美味しい（SEK135＝約1800円）。しつこいようですがレストランのテーブル、椅子、食器、すべて IKEA モノです。肉料理にはリンゴンベリー（コケモモ）ジャムが添えられますが、ここのものは粒がしっかり残った、酸味の爽やかな甘さ抑えめタイプ。北欧の肉料理にベリー系のジャムが添えられるのは、野菜が少なくなる冬季のビタミン不足を補うためといわれています。肉にはジャム、私の中ではすっかり習慣化しているので、ないともはや物足りない。

1958年、ここに1号店がオープンし、人々が遠くから車でやってくるようになり、1964年には「IKEA モーテル」が作られました。今も昔もホテルのレストランにはミートボールが用意され、長旅に疲れた人々の胃を満たしていたのです。その頃はまさか極東からも飛行機に乗って人々がやってくるとは、誰も思わなかったでしょうね……！

宿泊はホテルの公式サイトから、あるいは海外ホテル予約サイトから誰でも予約できます。移転した1号店までは無料のシャトルバスもありといたれりつくせり。近くに気持ちのよい森や湖があるそうなので、次こそは夏に来よう。ウェディングパーティーも承っているとのこと、予定があるマニアの方はぜひご検討を。

IKEA Hotel の前身、MOTELL IKEA のロゴ。今はないですが当時はプールがあったそう

生まれ変わったIKEA1号店。

1958年開店、記念すべきIKEA1号店の建物はIKEA museumに。
そしてちょっと離れてリニューアルオープンした新1号店へ

エルムフルトのあるスモーランド地方では、石垣がよく見られます。石だらけの土地を整地し、代々地道な努力を重ねて生活してきた開拓者精神の象徴でもあるのです

世界のIKEAマニアが万感の思いを胸にやってくる……、巡礼先として絶対に外せないのが1号店です。元の建物はIKEA museumになったため、2010年にエルムフルト駅の反対側にリニューアルオープンしました。IKEA Hotelからは2km弱。せっかく晴れたので歩いてみたいところですが、雪に足を取られるのでホテルからのシャトルバスかタクシーを使います（30番の路線バスは交通カードでのみ乗車可）。エルムフルトはのどかな駅。三角屋根に時計がついて、学校のようです。
　便宜上この店舗を「新1号店」と呼ぶことにします。P.8でも触れたとおり、IKEAの設計は世界中ほぼ一緒。コストダウンの効果があるからですが、安心感があります。一見同じような設計の中で、国ごとの違いを目ざとく見つけるのがIKEAパトロールの醍醐味なのです。

新1号店のレストランはミートボールが12個でSEK49（約660円）、何も言わずともジャム大盛り（日本基準）なのが嬉しい。ワンプレートで大満足です。他にはベジタブルボール、魚のフライ、エビのサラダなど、平均するとSEK65（約880円）くらいでしょうか。新商品にハワイイメージのポキボウル（マグロのぶつ切りとアボカド［写真3］）がありました。全体的に日本と比べボリュームは1〜2割増しに感じます。

ショールームのルームセットの傾向は、落ち着いた色合いの家具でゆったりしたレイアウト。壁に赤やブルーなど大胆な色を使うのも特徴です。壁の色がインテリアを引き立てるので、賃貸条件の厳しい日本から見るととても羨ましい。ルームセットに何度か登場していたのが、部屋の中に作る3段構えの小さな植物の育成棚。春を待ちきれないスウェーデン人の楽しみです。スウェーデンだからといって広い部屋ばかりではなく、ルームセットの中には35㎡に住むカップルの部屋［写真5］、25㎡に住む学生［写真6］も。ベッドはちょっとスリムなシングルを2つぴったりくっつけるのがこちら流。なんとなくちょっと離したくなっちゃいますけどね。

PATRULL pulversläckare

1.ショールームに植物の育成器をいくつか発見、冬が長いと家の中に春を作りたくなるもの 2.ポスターはどこの国の家にも合うようなデザイン 3.4.5.ポータブルの電磁調理器、自転車、消火器など、日本では見られないものを指差し確認 6.そして店内でケンケンパ！

　日本で買えないので指をくわえて見るしかないのが自転車と消火器です。自転車は荷台の底面が木製、全体的に頑丈そうな作りでちょっとレトロな雰囲気。ドイツのデザインアワードを受賞しています。絆創膏やボディシャンプー、ローションのような直接肌につけるものも日本では未発売なので、カラフルな絆創膏と、コンパクトな救急セットをお土産用にたくさん買いました。持ち運びができる薄型の一口電磁調理器も魅力的。使わないときは壁にかけられて場所を取らないのも IKEA らしい。

　今まで巡った世界のどの IKEA とも違って圧巻なのが、最後のガーデニングコーナーです。ものすご

く広〜い！　天井は高く天窓から光が差して、生花も大量で、本当の温室のよう。取材した2月末はチューリップの最盛期、9本でSEK15（約200円）、安い！　9本ひと単位というのが不思議ですが、3本ずつ違う色で組み合わせるとちょうどいいバランスになって選びやすいのです。そういえばIKEA Hotelのフロントのカウンターの上にもたくさんのチューリップが飾ってありました。芽が出たヤシの実もSEK99（約1300円）とお買い得。持って帰れたらなあ……。植物の息吹を感じる温室エリア、春を待ち望むスウェーデン人の心の中が現れていたような気がします。

ど〜〜ん！　広大なガーデニングコーナー。生花や鉢類と一緒に色とりどりの紙ナプキンやキャンドルも盛大に積まれている

生花と観葉植物が中心で、日本でよく見られる多肉植物はない。ヤシの実欲しかったな

エルムフルトの
新1号店で
日本で買えない
ものを買う！

TRYGGHET（救急セット）

消毒液や絆創膏、包帯などがギュッ
と収まったコンパクトなセット。文
字ではなくアイコンで内容を識別で
きる（SEK69＝約￥930）

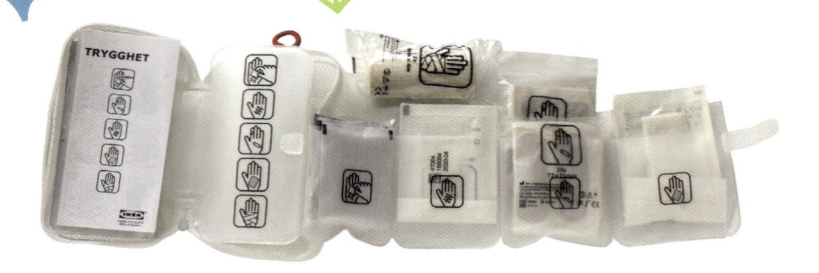

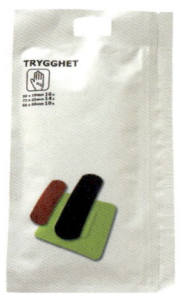

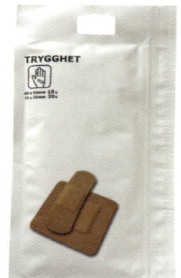

2010年頃にGet
キュートな日本未入荷もの

IKEA Stockholm
Kungens Kurva

TRYGGHET（絆創膏）

伸縮性のある絆創膏が3種計
40枚入り。カラフルな方は
IKEAの家具のようにビビッド
な色（SEK15＝約￥200）

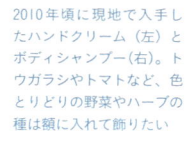

2010年頃に現地で入手し
たハンドクリーム（左）と
ボディシャンプー（右）。ト
ウガラシやトマトなど、色
とりどりの野菜やハーブの
種は額に入れて飾りたい

世界にひとつのバーゲンストア「IKEA FYND」

試作品や撮影に使用した商品、展示品などがバーゲン価格で。意外なものに出会える秘密の館で宝探し！

FYND（フィン）があるのは新1号店の左隣。アウトレットとはまた違う、見たことのないIKEA製品が見つかるところです。のっけから入口には初めて見る色の買い物バッグ（SEK9＝約135円）が大量に！　落ち着いた薄めのピンク色とちょっとくすんだグリーンです。どちらも印象のいい色で大コーフン。今年はパリのコレットが白地に青いドットの爽やかなIKEAバッグを発表しつつもお蔵入りになってしまったので、これは嬉しい発見です！　なんと折りたたみの電動自転車がフ

ァミリー価格のSEK6595（約89,000円）で。ダーラナ地方の馬の民芸品、ダーラナホースがプリントされたグラス（SEK9＝約135円）を発見、これも見たことがありません。どこか懐かしい温かなデザイン。磁器の食器を一番小さな買い物バッグに詰め放題でSEK99（約1300円）という一角もあるので、十分な時間をとってじっくり見たいところです。他のIKEAでは手に入らないものをどれだけ発見できるのか、見極める力を試されるところ。大きなスーツケースで来なくては。

FRAKTA フラクタ　キャリーバッグL
最もスタンダードなブルーバッグ
W55 × D35 × H37cm、¥99

旧・FRAKTA フラクタ
キャリーバッグL
10年ほど前はホックで上部
を留められるタイプがあった

Column
5

FRAKTA

世界で愛されるキャリーバッグ

IKEA のアイコン的存在とも言えるブルーバッグ「FRAKTA」は、英語で「CARRY ＝運ぶ」。ポリプロピレン製で堅牢、大容量かつ軽量で汚れにくく、おまけに安い。文字通りキャリーバッグのひとつの完成形と言っても過言ではありません。Kunt&Marianne Hagberg の兄妹デザイナー* が1996年にデザインし、毎年300万枚製造されている隠れたベストセラー＆ロングセラー。兄弟姉妹も増え続けています。

FRAKTA のプロトタイプ
2017年にカイロでクリエイティブ哲学を研究
している Mariam Hazen と Hend Rind がデザイ
ン。ポテトチップの袋32袋からできている

FRAKTA フラクタ　キャリーバッグL
スウェーデン・エルムフルトのFYND
（P.93）で見つけた美味しそうな色
W55 × D35 × H37cm、SEK9＝約120円

BRATTBYブラットビー　キャリーバッグS
IKEA museum shopオリジナルカラー。お
土産にぴったりのカラフルなバッグ。バッ
グはすべて白をベースにコーティングされ、
オリジナルに比べ厚手でマットな色調に
W26×D26×H18cm、SEK5=約￥68

BRATTBY ブラットビー
キャリーバッグS
雑貨にぴったりの小さなブルーバッ
グの名はブラットビー。ストラップ
が長いのも使いやすい
W26×D26×H18cm、￥59

FRAKTA フラクタ　キャリー
バッグM　大判のトートバッグ
のようなサイズが使いやすい
W45×D18×H45cm、￥99

FRAKTA フラクタ
キャリーバッグM
IKEA Museumショップオ
リジナルカラー。上記と同
じくマットな色調で厚手
W45×D18×H45cm、
SEK15=￥200

この他にもまだまだ！トロリーにぴったり載せて運べる、バックパックタイプの大きなFRAKTAトロリー用バッグは、Kunt&Marianne Hagbergが日本の顧客が電車で商品を持ち帰るのを見てデザインしたそう。2017年にはデンマークのHayによる落ち着いた配色のFRAKTAが発売され、パリのインテリアショップCOLETTEがコラボを発表するも未発売の白地に青のドット柄のFRAKTAも素敵だったし、IKEA Canadaが制作したFRAKTAのイメージムービーには心を攫まれます。2018年はヴァージル・アブローとコラボのロゴ入りFRAKTAもデビューの予定、世界中でFRAKTAのリメイクも加熱中（P.52でちゃっかり参戦）。この流れ、しばらくは目が離せません。

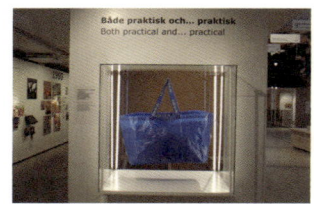

IKEA museumにも誇らしげに飾られています

商品開発の一大拠点、
IKEA of Sweden とその関連施設の門戸を叩く!

Det mesta är ännu ogjort.
Underbara framtid!

Most things still remain to be done.
A glorious future!

IOS

IKEA of Sweden

すべてのプロダクトはここから生まれる。
IKEA デザインの総本山

（前頁）いるだけでアイデアが泉のように湧き出す！……気がする快適な空間。確かに座る場所によって見える風景が変わり、刺激になる　1.入口はいたってシンプル　2.開発中の新商品の情報は2階で共有できる　3.IKEAが出版している書籍が常備

デザインと商品開発の拠点、IOS=IKEA of Swedenにある意識共有の場「デモクラティック・デザインセンター」と試作品を作る「Prototype shop」、さらに別棟の耐久試験を行う「IKEA Test Lab」と撮影スタジオの「IKEA Communications」を回るツアーに、各国の取材チームと共に参加しました。

[**Democratic Design Center**]　2014年、IOSに併設されたデモクラティック・デザインセンターは、吹き抜けのある巨大な空間が特徴。壁の一方には階段状にベンチが広がり、思い思いに過ごせます。IKEAの理念であるデモクラティックデザイン（P.9参照）について意識共有できる場所として、現在どのようなプロジェクトが進行しているのかを、担当部署を越えて誰もが把握でき、アイデアを交換することができるところです。

[**Conference**]　見学ツアーではまずIOS内部のカンファレンスルームで、商品開発チームの2017年の調査活動の報告を聞きます。分厚い資料「LIFE AT HOME」には、世界22カ国21,419人分の調査結果がまとめられており、『世界中の多くの人々にとって「あまりにも多くのもの」を持ちすぎていることが家庭におけるストレスの最大の原因になっている』ということがわかったそうです。なぜ人はものを持つのか、という根源的な問いをもとに人々の行動を研究し、たとえば「家にはどんなものを優先的に置いているか」の調査では、テレビや机といった具体的な答えを導くのではなく「幸せを感じるもの44%」「家を飾るもの31%」「手作りなどのギフト27%」など感覚的な答えがまとめられています。この結果を受け、IKEAとして「世界的な潮流であるミニマリズムは、人生に超過をなくして重要なものに焦点を当てるツールである」と提唱。ものを作る企業にとって、減らす方向性を考えねばならないというのは禅問答のようなものですが、まさにこれ日本の多くの人にとってもオンタイムな問題です。

後半では、2018年に発売された食品の保存容器「IKEA365＋FOOD」が、どのようにデザインされたかのプロセスが解説されました。この容器、リサーチに2年半、その後さらに2年半を開発に費やし、トータルで5年間かけて制作されたものなのです。30以上の家庭を訪問調査してデータを集めてみると、多くの人が調理の時・食べる時・保存する時・温める時と何度も容器を変えていたことがわかりました。そこで1つの容器ですべて効率的にまかなえないかと開発されたのです。本体に対してフタの種類がいくつかあり、たとえば竹のフタなら食卓でサーブする時下に敷けば、おしゃれな見た目となります。

5年とは気が遠くなるような年月ですが、その長い年月でひとつのものを任されるということは、デザイナーにとってはとても名誉なことです。

ワークショップで
すっかりIKEAの
デザイナー気分

各種素材が用意されたワークショップのテーブル。中央は筆者が提案した巨大なネコ型玩具収納。ものを入れるとニャーと鳴く

[**Workshop**]　次はカンファレンスの延長上にあるワークショップを体験します。先ほどの話をちゃんと聞いていたかどうかが試されます……。まず5〜6のテーブルに分けられ、グループごとに協力し合いながら、それぞれ違う課題に2時間ほど取り組みました。共通の大きなテーマは「家にあるものを上手く整理する」こと。私の班は、「世界の14%の人たちが、片付けたいのに片付け方がわからなくて困っている。どうすればよいか」で、隣の班は「ミニマリストになるにはどうしたらいいか」という課題でした。最初のディスカッションで、英語にめっぽう弱い我々日本人勢は苦渋を舐めましたが、後半になって机の上の素材や画材を使ってアイデアを形にする段階で本領発揮。私は粘土で家具の立体を、隣の班のイラストレーターさんは提案を漫画にして

描き始めたのでありました。世界から人が集まる場所では、自ずと公用語が英語になります。英語をもっと勉強しておけばよかった。否、今からでもがんばります。

　最終的な案がグループごとに発表され、私の班は「インテリアとして魅力的なデザインで、タイヤ付きのたやすく移動できる収納棚を作る」という結論に。隣の班は「新しく買ったものはアプリで管理して、しかるべき時にリサイクルに回すなどしてものの量を一定化する」というアイデアとなりました。発表を聞いていたIKEAデザインセクションの統括であるマーカス・イングマン氏曰く「プロダクトデザインはソリューション（問題解決）に他ならない」と。ほんの少しでしたが、IKEAのデザインの過程を、身をもって体験できる貴重な時間でした。

レジェンド職人たちが腕を振るう現場は
あらゆる部署から一目置かれる
試作品ファクトリー

Prototype shop

1.画期的な組立て家具「LISABO」を開発したPrototype shopのレジェンドたち。渋い！ 2.あらゆる素材が揃う。もちろん布地も

　IOSに併設のPrototype shopは、デザイナーの発想を形にするところであり、あらゆる試作品が作り出される部署です。稼働しているのは「3Dプリンタースタジオ」「布部門」「木部門」「金属部門」「着色部門」の5部門。いずれも専門の職人が働いているので、まるで5つの工場が集まっているかのようです。超ロングセラーの予感満々な、2ステップのみで簡単に足を付けられる家具「LISABO／リーサボー」シリーズ開発担当のみなさんは、「Prototype shopのレジェンド」として紹介されるほど、数々の賞を獲得しています。ただ社外秘は山の如しで、ここでは限られた場所以外の見学者による撮影はNGです。

　3Dプリンターは15年ほど前から導入されていて現在は5台あり、テーブルほどの大きなものでも作成が可能だそうです。これで家具の使い心地や、容量などが確認できます。「容量」がわかることは、IKEAでは最も肝心なところ。どこをどう分解すれば隙間なくフラットパックに詰められるか、それらをいくつコンテナに積めるかを考えるのは、コストを下げる大きな鍵になるからです。

　どの部署の人たちも、内部にPrototype shopがあることで、技術的にもコスト的にも革命的な躍進をもたらしていると語っていました。確かに私が日本で企業の製品をデザインする場合、いわゆる試作の専門業者に外注されることが多く、そこでかなりのコストと日数がかかってしまうのが常です。当たり前だと思っていましたが、このような仕組みを目の当たりにすると自分の常識も少しずつ変化していきます。

容器のフタの4辺のツ
メを順にひたすら開け
閉めし、耐久性を試す

IKEA Test Lab

1.IKEA Test Lab 外観。重厚さが秘密の砦のような **2.**ベッドの耐久性を丸太でテスト **3.**椅子の座面の耐久性テスト。いろいろな座り方、体重で **4.**何やら回数を記録したものが **5.**電球のテスト部屋。以前は灼熱地獄だったが、IKEAで扱う電球がすべてLEDになり室温程度に変わった

商品の「未来」の姿を見る

　そしてIOSに併設の商品の耐久性や安全性を試すIKEA Test Labでは、販売される予定の商品があらゆる方法でテストされています。ここは非常に整然としていて、他の施設とはちょっと違う、大学の研究所のような雰囲気です。IKEA Test Labは中国の上海にもありますが、ここと同じ世界基準でテストが行われているとのこと。また、ものによっては、同じスウェーデン企業のH&MやVOLVOと共同でテストをすることもあるそうです。火気や薬品を使う危険なテストもあるので、見学にもそこはかとなく緊張感が漂います。

　皿は食洗機で何百回も洗う、布地は何度もこすったり引っ張ったりを繰り返す、カーペットやシーツに火をつける室もあります。壮観だったのは、3000個の電球を灯し続ける光の塊のようなエリア。ベッドであれば人の体重と同じくらいの丸太を転がし続けるマシーン、椅子の座面をプッシュし続けるマシーン、容器の蓋をひたすら開け閉めするマシーンなどが並びます。店内に常時1万点ほどのアイテムを揃えるIKEAならば、このような専門的な施設も必要なのだと納得。これらの苦役に耐えた商品が、晴れて店頭デビューできるのです。ここでもらった小さくて愛らしいハンドブックには、なんと100以上もの厳しいテストが写真付きで紹介されており、私の愛読書になっています。

広さ2700坪
2億冊のカタログ制作を担う
ヨーロッパ最大規模の写真スタジオ

IKEA Communications

　デザインの現場もグランドフィーナーレ。やってきたのは、リサーチ→デザイン→試作→テストを経て世の中に華々しくデビューする商品を撮影するIKEA Communications（以下ICOM）です。世界で約2億冊発行されているIKEAのカタログはここで制作されています。広さは8800㎡、大小50あまりのスタジオがありヨーロッパ最大規模。カタログだけではなく、ウェブや宣伝のための印刷物などIKEAにまつわるすべての撮影がここで行われており、最新鋭の装備はハリウッドからも技術者が見学に来るほどです。それでは最後の秘境、IKEAのイメージを創造する現場に入ってみましょう。

　スタジオの天井は高く大きな仕切りもないため、たくさんの人たちが行き来しているので、各所で撮影が同時進行している気配です。大きな棚に整理されたペンキ類、高く積まれた様々な色やサイズの木材や石材、膨大な種類のテキスタイルなどが目に入り、まるで住宅の建設現場に迷い込んだよう。カタログのためのスタジオですが、セットの寸法も素材も現実そのものだから住めるものなら住んでみたい！　広いとはいえ、カタログ撮影の佳境を迎える繁忙期にはこれでも場所が足りなくなり、近隣にスタジオをレンタルするそうです。

　IKEAの店舗にあるルームセットと同様に、カタロ

グの見開きごとに登場する部屋にも家族構成、部屋の主の年齢や性格、仕事や趣味などの細かな設定があります。それらが書き込まれたものは壁に掲示されているため、関係者はいつでもチェックしてイメージを共有することができます。ひとつの部屋の作り込みは約3週間、新築物件の内装工事とあまり変わらない工期です。ただ現在はサステナブルという観点から、デジタル処理を駆使することも多くなりました。ひとつひとつの家具のデータを作り、合成することで部屋を作れば、撮影用の商品や建築資材の軽減に繋がるからです。たとえば、デジタル処理で作り込んだ部屋の画像と、同じ設定で部屋を制作しカメラで撮影した部屋の写真とを部外者に見てもらったところ、なんとほとんどの人がその違いに気づかなかったそうです。セットの中のキッチンのドアなどは、色や高さ、ノブの形などが国によって微妙に違うため、あらゆる部分をデジタル素材にしておけば、比較的簡単にローカライズすることもでき、制作時間と経費を大幅ダウンさせることができます。ところでカタログに登場する人物は、従業員やその家族など、IKEA関係者が多いそうです。一度でいいから自分もカタログの登場人物になりたい……と切に思う人は、P.66に戻ってみてください！

1年間に2000あまりの商品が開発される現場で、今どんな商品がどのような段階かを把握しなければなりません。まずデモクラティックデザイン（P.9）の５つの条件を満たしているかどうか厳しくチェックすることが基本です。５つの条件のバランスが悪いものにOKは出せません

ここではお互いのアイデアをシェアできるような仕事の仕方をしています。エルムフルトの街の人口は8000人で、その中の約5000人がIKEA関連事業に従事しており、IOSは50ヵ国から約2000人が働いているダイバーシティです。透明性を高くすれば、様々な境遇の人から思いもしなかったアイデアを得ることもできるはずです

IKEAに入社して20年、約20名のインハウスデザイナーの仕事の進行を管理しているエバマリア・ロンネガードさんにお話を聞きました。

デモクラティックデザインの概念を頻繁に提唱し始めたのは1990年代から。それまでももちろん存在していた考え（1976年に創業者カンプラード氏が記した『ある家具職人の書』）ですが、90年代頃から大きな企業としての責任を感じるようになったためです。IKEAの動きが世界を変える、社会を変えて環境を守る影響力があるからこそ、デモクラティックデザインを意識することは非常に重要なのです

IKEAのデザイナーとしての資質がある人とは、お互いに責任を与え合ってアイデアをシェアできるような人。そしてネットと対面とをバランスよく使いこなせる人。情熱があり、IKEAの価値観がわかっていて、北欧デザインの真髄である『シンプルで美しく飽きがこない』という特徴をよく理解している人です

前作『IKEA FAN BOOK』の「世界のミートボール食べ比べ」にウケるエバマリアさん

A prototype is worth thousand meetings.

——— 考えるな、作れ。

IOSの壁に記されたひとこと。ひとつの試作は1000回の打ち合わせに匹敵する価値があるということ。まずは作ってみる。IKEAだけでなく、ものを作る当事者にとっては世界共通の認識ですが……なかなか。

香港・銅鑼灣のIKEAにあった
買い物カゴ（2006）と
引いて歩ける買い物カゴ（2018）
マイカゴとしてIKEAに持っていきたい

手に入らないIKEA

Column 6

欲しい……すごく欲しい。
でもそれは叶わない運命なのだ！

IKEA神戸にあったテープ（2008）
本当はこういうロゴ文具が
一番欲しかったりする

スウェーデン・エルムフルトの
IKEA museumの前にあった
石でできたKLIPPAN（2018）
広い庭があったらたくさん置いてみたい

オランダ・ロッテルダムの
IKEAにあった遊具（2005）
いつかはこんな遊具が
店頭に並ぶ気もする

IKEA 活動を振り返る

ユカ的 IKEA 活動年表

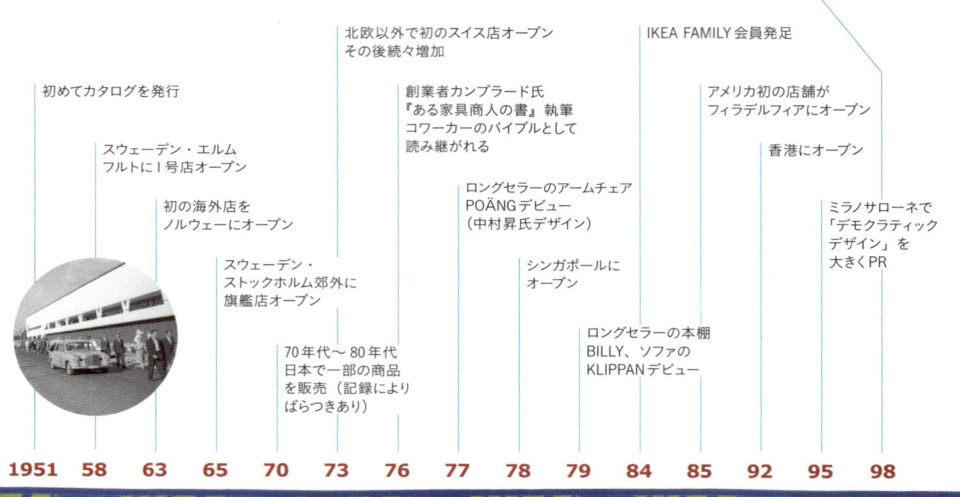

中国の上海と北京、
台湾の台北にオープン
世界に約140店舗

北欧以外で初のスイス店オープン
その後続々増加

IKEA FAMILY 会員発足

初めてカタログを発行

創業者カンプラード氏
『ある家具商人の書』執筆
コワーカーのバイブルとして
読み継がれる

アメリカ初の店舗が
フィラデルフィアにオープン

スウェーデン・エルム
フルトに1号店オープン

香港にオープン

初の海外店を
ノルウェーにオープン

ロングセラーのアームチェア
POÄNG デビュー
（中村昇氏デザイン）

ミラノサローネで
「デモクラティック
デザイン」を
大きくPR

スウェーデン・
ストックホルム郊外に
旗艦店オープン

シンガポールに
オープン

70年代〜80年代
日本で一部の商品
を販売（記録により
ばらつきあり）

ロングセラーの本棚
BILLY、ソファの
KLIPPAN デビュー

| 1951 | 58 | 63 | 65 | 70 | 73 | 76 | 77 | 78 | 79 | 84 | 85 | 92 | 95 | 98 |

IKEA IKEA IKEA IKEA IKEA IKEA IKEA IH

Let's go!

ユカ、
この世にオープン

KLIPPAN（『IKEA the Book』より）

香港が好き過ぎて
部屋を借りる。
家具や道具をIKEAで
揃え、誰に頼まれる
でもなく各国IKEA
訪問をスタートさせる

学生時代に
IKEAの存在を雑誌や
口コミでなんとなく知る

何があってもオープンには駆けつける、
旅先で家族や友人を待たせてでもご当地のIKEAをパトロールする、
各国での微妙な違いをチェックする、
このようなIKEAバカとしての行動を総称して「IKEA活動」と言う
……のは聞いたことがないけど、
この約四半世紀に渡る私のIKEA活動とIKEAの動きを振り返ります。

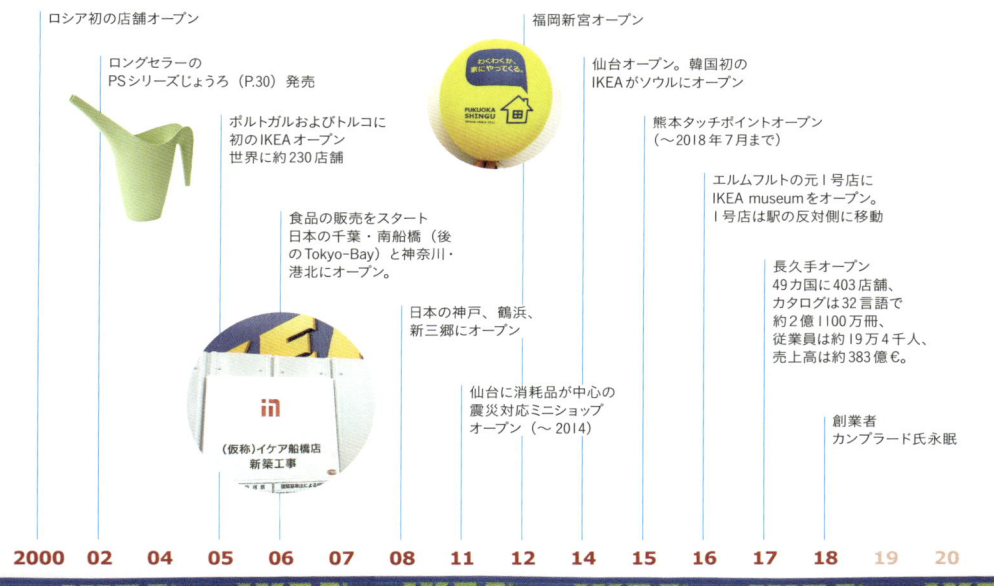

ロシア初の店舗オープン

ロングセラーの
PSシリーズじょうろ（P.30）発売

ポルトガルおよびトルコに
初のIKEAオープン
世界に約230店舗

食品の販売をスタート
日本の千葉・南船橋（後
のTokyo-Bay）と神奈川・
港北にオープン。

日本の神戸、鶴浜、
新三郷にオープン

仙台に消耗品が中心の
震災対応ミニショップ
オープン（〜2014）

（仮称）イケア船橋店
新築工事

福岡新宮オープン

仙台オープン。韓国初の
IKEAがソウルにオープン

熊本タッチポイントオープン
（〜2018年7月まで）

エルムフルトの元1号店に
IKEA museumをオープン。
1号店は駅の反対側に移動

長久手オープン
49カ国に403店舗、
カタログは32言語で
約2億1100万冊、
従業員は約19万4千人、
売上高は約383億€。

創業者
カンプラード氏永眠

2000 02 04 05 06 07 08 11 12 14 15 16 17 18 19 20

IKEA IKEA IKEA IKEA IKEA IKEA IKEA

2006年にIKEAが日本に
オープンするまでは、
香港と台湾のIKEAに通う。
ロンドンのIKEAで粘土を
買いすぎて航空会社に
超過料金をとられる

自著『スーパーマーケットマニア・
ヨーロッパ編』にてストックホルムIKEAを
スーパーマーケットとして定義、紹介する。
また新居の風呂場をIKEAのゴミ箱FIBBEの
デザインを基調として設計してしまう

『IKEA FAN BOOK』が
ストックホルムでの2007年度版
カタログお披露目イベントで
紹介される。会場には創業者
カンプラード氏も来場

エルムフルト1号店、ロシア、
アメリカ（NY）、オーストラリアなど
の店舗を取材し『IKEA FAN BOOK』
を上梓。Tokyo-Bayと港北には
オープン日に訪れる

神戸、鶴浜、新三郷の
各オープン日に訪問
IKEAの発行する冊子
『IKEA FAMILY LIVE』に
IKEAオタクとして紹介される

初めて自宅エリアにIKEAカタログが配布され感無量。
福岡新宮オープン日訪問、
仙台ミニショップへ。桑沢デザイン研究所
での担当ゼミで1年に一度IKEAで
校外授業を開始。この頃から雑誌・TVで
IKEAを紹介することが増える

正月のローカルTVロケで
仙台訪問

『マツコの知らない世界』で
IKEA、無印良品、フライン
グタイガーを同時解説

長久手オープンに
ローカルTV局の取材で訪問。
IKEA公式サイトに
工作動画がアップ

2度目のエルムフルト訪問
IKEA museumその他
の施設を取材、
『IKEA MANIAC』刊行

IKEA FAN ジャーナル 再録

2006年の『IKEA FAN BOOK』発売に合わせて
6月と9月に書店で無料配布された
幻のタブロイド紙『IKEA FAN ジャーナル』。
IKEA南船橋（現Tokyo-Bay）上陸時の熱狂を再び！

「ラブIKEA対談」ゲストは1号目がイラストレーターのたかぎなおこさん、今はお子さんと一緒にIKEAを楽しんでいるそう。2号目は発行記念トークイベントにいらしていただいた、コラムニストの辛酸なめ子さん

1号ではモスクワとスウェーデンのIKEA行脚、香港で暮らしていた時に揃えたIKEA家具の話、「世界のIKEAバカさんいらっしゃ〜い」ではスウェーデンの1号店にバスで乗り付け、涙を流しながら床に頭を擦り付けるデンマークのIKEAバカたちの紹介、IKEA川柳では「ショールーム　じいさんベッドに　倒れてる」を掲載。2号ではNYとシドニーのIKEA行脚、「世界のIKEAバカさんいらっしゃ〜い2」ではオハイオ州でたったひとりでIKEAの誘致運動をしていたIKEAバカについて（しかしその後本当にIKEAがオハイオに建つ）、IKEA Tokyo-Bayに一番乗りの猫へのインタビューなど、なりふりかまぬ内容でコッテリとお送りしました

IKEA FAN → ジャーナル

Japan's leading newspaper about IKEA　June 2006 ｜ No.1 ｜ ¥FREE

IKEA（イケア）―2006年4月24日南船橋駅前にオープンした、スウェーデン生まれの巨大インテリアショップ。ポップなデザインの雑貨や家具はすべてがIKEAのオリジナルで、信じられないくらいリーズナブル！ お店に一歩踏み入れるとあら不思議。脳内をぐるぐると下ネタがよぎるのは私だけでしょうか？ 目が醒めるほどのつっ走り出していく、そんなIKEAへのあらゆる思いを込めてここに発行いたします。
森井ユカ

森井ユカのプロフィール・・・森井デザイン・研究会代表。立体造形家「雑貨コレクター・パッケージの作り方」などを経て愛すべきモノを語り尽くす。毎週土曜放送「ひみつのフルポン・ホルダー」（講談社）「スーパー・マーケットマニア アジア編」ほか。www.yuka-design.com

カラフルで楽しい形のゴム製製氷皿。
これで空っと製氷バットを作ろう♪
PLASTIS ¥110

『IKEA FAN BOOK』が出た!!

NEW! 世界のIKEAを追っかけて12年。森井ユカの、愛と貴重なコレクションが満載！ ポップでリーズナブルなIKEA雑貨の魅力、ユニークな経営理念、発祥の地エルムフルトのお店、各国のIKEAレストランの食べ比べなどなど遊べる本。ビジネスのヒントを探している人から、人生に絶望している元気のない人まで、みんなまとめてわくわくさせてあげましょう！

河出書房新社　128ページ・オールカラー　1600円（税込）

ラブIKEA対談

150cmライフ　IKEAマニア
たかぎなおこ × 森井ユカ

IKEA船橋に行ってきた♪

待ちに待った日本再上陸で話題沸騰のIKEA船橋。
ゴールデンウィークに駆けつけたたかぎなおこさんと、
IKEAのアレやコレを熱く語る!

たかぎさんもおどろいた
宝の宝物の工具セット、FIXA ¥650

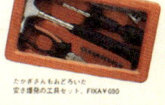

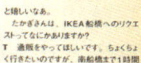

子供コーナーにある可愛いカトラリー

森井（以下M） たかぎさん、IKEAにはいつ行ったんでしたっけ？
たかぎ（以下T） 5月1日、交通渋滞と豪雨で大変でした。お客さん、多かったですよ〜。とくに1階（主に雑貨が置いてある売場）がすごくて、棚に並んでいるものが人目でちゃんと見られないくらいでした。
M IKEAは、前から知っていましたか？
T はい。海外に住んでいる人のブログなどを読んで知っていました。でも実際に行ってみるまではどういうお店なのかわからなかったんですよ。
M で、関係者でないにもかかわらずIKEA船橋の印象はどうでしたか？
T よかったです。安くてビックリしました。モデルルームを見ているだけで、こんな部屋にしたらどうかって次々とアイデアが湧きました。

（以下、吹き出し内）
ランプ、いいですよ。とても690円には見えないですよ！（たかぎ）

私、今まで色々お土産にしてたけど、激安がバレちゃいます〜（森井）

・・・・・・「ずいぶん歩いたな」と思って店内マップを見るとまだ半分も進んでいなかったりして。ひと昔で北欧の人とのスタッフが、流暢な日本語で接客している心の拠点でした。
M あ〜、ひとりあの印象は少なく安心しました。私が創業の直後に行ったときは雰囲気が相当心細かったけど、欲しいものは下見えましたか？ 思ったより1日ですっかり細かいものが手に入るようですね？
T 使ったのは布製カバーとランプの入れものその他です。いちばんのお気に入りは、フタが青い容器6点セット。白いゴミ箱、テーブルランプと電球、花模様のビニールのテーブルクロスなどです。ランプ、いいですよ。とても690円には見えないですね！

たかぎさんのお買い上げの家財道具たちのセット

M そうそう、私、今まで色々お土産にしてたけど、激安がバレちゃいますね〜。IKEAの雑貨って、海外のIKEAでは買いにくかったプレミアが思い切り買えますよ。ジップロック、花模様とか、帰りの荷

と嬉しいなあ。
M たかぎさん、IKEA船橋へのリクエストってなにかありますか？
T 通路をゆっくり歩きたいです。ちょっと2人で行きたいのですが。南船橋は1時間以上かかります。
M IKEAが来るって聞いたとき、勝手にお台場だと思い込んでたんですよ（笑）。私はハズしました。きっと近い将来は東京の西の方にもできますよ！
T そうそう、このあいだも父と電話をして・・・・・・

（以下、吹き出し内）

M え、はい。はいっと、身を乗り出す→ お父さんは、たかぎさんの本にも登場する、意志的で素朴でチャーミングな方。
森井は語りかけました。
T 「そっちにIKEAってスウェーデンの店ができたんやろ」って言うんですよ。急に、うちの父、妙にシニ−ハーで話題のスポットが大好きなんです。ワイドショーから得た情報を話すんですよ！ 父の口から「スウェーデン」なんて言葉を聞くとは、その決意に思わずびっくりしちゃって。
M さすがおとうさん、ナウな話題にアンテナ張り巡らせています！
T そしてこんなにIKEAファンがライバルになるやろ？って、お菓子作りに燃えはじめたんですよ。
M ラーん。頼里のお父さんも頑張ってるんですね。IKEAって・・・・・・私が思っていた日本ではない存在になるかも。
たかぎさん、ありがとうございました。このジャーナルでまた親子対談をお願いします！（予約です）

世界の中心でIKEAへの愛をさけぶ！

MOSCOW

99

上・近力の看板。モスクワのIKEAは高級店の風格。下右・モスクワの繁華街に立つIKEAの広告。下左・スウェーデン、エルムフルトのIKEA号店前を出るのは「IKEA通り」。

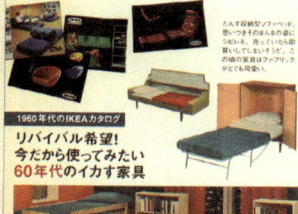

1960年代のIKEAカタログ

リバイバル希望！ 今だから使ってみたい 60年代のイカす家具

なんて説明的なソファーベッド。思いつきそれのない家具だが、シンプルで、使っていたら部屋にはまりそう。下のカタログはページ毎にカラフルなファブリックなどが盛り込まれている。

取材旅行でゲットしたお宝の数々の中で、ひときわ輝いているのがこれ。IKEAの1960〜1970年代カタログ。コレクターは過去に半数きりいないが、このフォーメーションでなかなか見つけられなかったのだが、とある万から特別に譲ってもらえたのだ。60年代には一部の食器も揃って説明が。ファッションがない分、どこだ重厚な製造していくのが家具。明朗、フンプルナお値段も安く、シンプルで可愛らしくて、今もあれにいになに比里りみのだ！

ところでこのカタログに見る部屋の宝は、夜更けるような多い、秋とは違う古いスウェーデンらしい設計なのだろう。この建物も目白にはなる、なことが1桁数になったなら、ちょっと足を気持ちになるのだ。

さて覧の家具はすべて「OLYMPIA」というシリーズのもの。一人暮らしの男性で、左右に扉の違うたたみニ段ベッドで、小ぶりなテーブルコーナーと腰よく、長机は結構き手さめられている。だから家具はIKEAにしているのか、という気がしてもおかしくない妄想まで楽しめる。

150cmライフのたかぎさん。平均身長程度の自画像。 イラストレーター。1974年 三重県生まれ。大好評の『150cmライフ』『150cmライフ。2』（ともにメディアファクトリー）は好評発売中。● たかぎなおこさんプロフィール

プロフィール

氏名：森井ユカ
年齢：42歳
自宅：東京、麻布十番
職業：クレイモデルとキャラクターデザインの
　　　会社を経営

ユカの情熱

「友人は私のことをイケアオタクと呼びます。私はデザインの仕事をしているので世界各地を旅することが多く、海外に行くたびにその土地のイケアストアを訪れています。そうしているうちに、国によって店の雰囲気やショッピングバッグに文化的な違いがあることに気づいたんです」

「お気に入りは、私がイケアの『食料雑貨』と呼んでいる日用小物」

「私が高校生のとき、日本にもイケアのフランチャイズがあったのですが、私がイケアに興味を持ったのは香港に引っ越した頃からです。仕事がら世界各地を訪れる機会があるので、今までにいろいろな国のイケアストアに行きました。そして、どのイケアストアもその国の文化に大きく影響されていることがわかりました。私は、カタログ、商品に付いているラベル、ショッピングバッグ、レストランのメニューを集め始め、国によって何が違うのかを観察してみました。自分のコレクションを友人に見せたりもしていたんです」

「ミートボールが大好きで、行く先々で試しました」

「海外のイケアストアを訪問する醍醐味は、なんといってもショットブッラル（ミートボール）の食べ比べ。私は、行く先々でミートボールの味、盛り付け、コストパフォーマンスを格付けしました。どれも同じレシピでつくられているのに、その土地の食材の違いで味も変われば付け合わせも変わるんですよ」

「イケアを通してその国を観察しています」

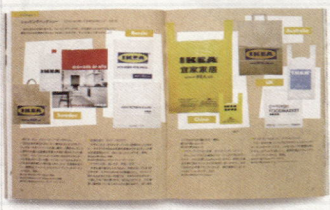

「どこに行っても、私はその国ならではの珍しいイケアグッズを探してみます。一見同じようでも、国によってどう異なるのか興味があるんです。ショッピングバッグのデザインはバラエティ豊富で、とっても魅力的ですね」

「それこそ、まさしく『ゲリラ広告』」

「2006年、日本初のイケアストアのオープンをひかえたある日、私は衝撃的なシーンを写真に収めました。なんと、とある主要路線沿いの高層マンションのすべてのベランダから、ブルーとイエローのイケア布団が垂れ下がっていたのです。日本ではこんな風に外に布団を干す習慣があり、このセンセーショナルで離れ業的な広告によってイケアはかなり評判になりました」

「デンマーク人は独自のイケアソングを持っています！」

「こんなに充実したコレクションがあるのだから、イケアを愛する多くの人たちと共有できたらと思い、本を出そうと考えたのです。まずイケア発祥の地、スウェーデンのエルムフルトを訪れました。そこでデンマーク人のイケアファンに会ったのですが、彼らはエルムフルトに来る途中、バスの中でずっとイケアの歌を歌っていたそうです。私は、ミートボールの格付けなど、イケア研究の成果を『IKEAファンブック』にまとめました。私のコレクションをみなさんといっしょに楽しめたらと思っています」

『IKEA FAMILY LIVE』では、あなただけのイケアコレクションやこだわりなどを募集しています。
ideas@IKEAFAMILYLIVE.comまでEメールをお送りください。

IKEA FAMILY LIVE 再録

2008年のこと、当時 IKEA FAMILY 会員に送られていた季刊誌『IKEA FAMILY LIVE（現 IKEA FAMILY MAGAZINE/web版）』の編集部から連絡があり、イギリス人編集者のケイトさんがロンドンから自宅にやってきました。前作の『IKEA FAN BOOK』からのエピソードをいくつかお話ししたことが数カ国の IKEA FAMILY LIVE に掲載されました。その後ネットで各国の IKEA ファンたちに呼びかけて、お互いの国の『IKEA FAMILY LIVE』と交換して集めたものです。持つべきものは IKEA 仲間。ただいったん英語の記事になったものが各国語に翻訳されているためか、話の内容が伝聞化して「あれ、こんなこと言ったかなぁ」というようなこともいくつかあります。たとえばデンマーク人のイケアファンには会っていません……笑。

背面に写り込んでいる黒板状の壁ですが、これはずっと昔に IKEA カタログで見た写真を参考にして、壁に「黒板塗料」を塗ったものです。転がっているチョークも IKEA の MÅLA。写真の中で一番 IKEA 魂が生きているのは黒板なのでした。

掲載号の表紙。世界中の人々の普段の暮らしや考えを垣間見ることができて興味深い

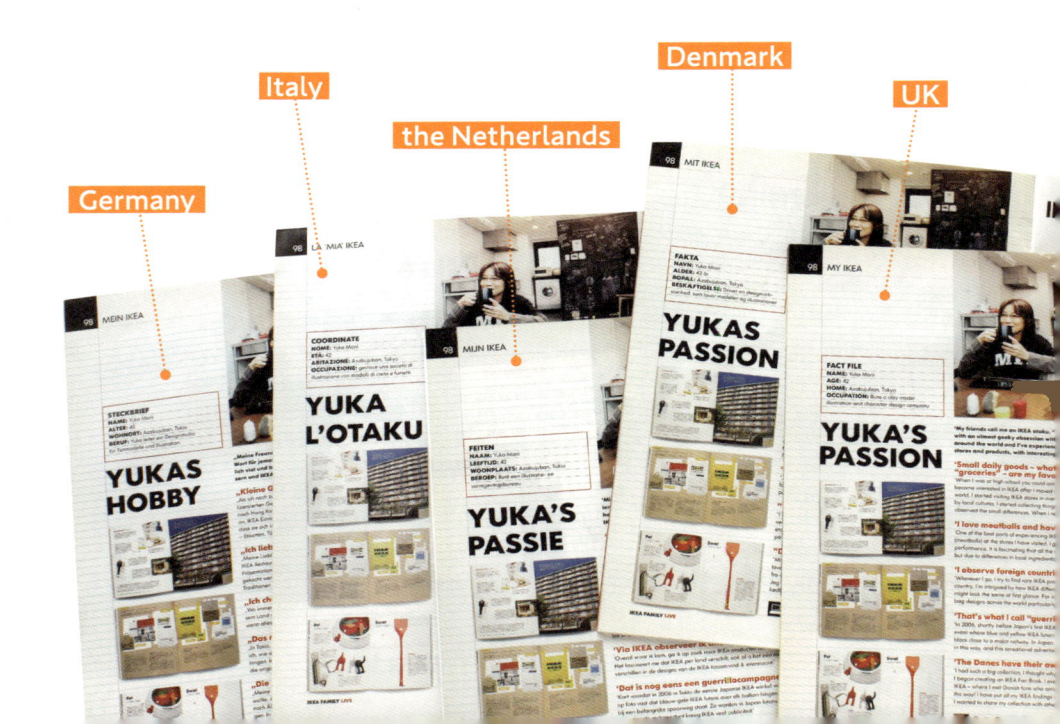

Germany

Italy

the Netherlands

Denmark

UK

地道にIKEA広報活動

IKEAへのダダ漏れる愛を集め、あますところなく有効利用するがごとく、TV・ラジオ・雑誌などでたびたびお話ししています。これも私の使命……いえこれも『IKEA活動』の一環です。雑誌では愛用の雑貨をご紹介することが多く、たとえば『クロワッサン』(マガジンハウス)ではP.32の洗いかごを「使える容器」としてご紹介しました。ラジオについては北欧デザインの特徴や、IKEAの施設が集まるエルムフルトでの取材の様子を『Homeyトーク』(ラジオ日本)でお伝えしています。そしてTVではゲストの芸人さん、タレントさんを店内にご案内し、買い物のポイントやアイデア、新商品からロングセラーまで実際に手にしていただき解説しています。いずれも皆さんにIKEAを気に入っていただけるかどうか、結構緊張するものです。

さてそんなTV番組の中からいくつかご紹介しますと、思い出深いのは2016年7月のABC朝日放送『きよし・黒田の今日もへぇーほぉー』。西川きよし師匠、メッセンジャーの黒田有さんと「大人の社会科学習」としてIKEAをくまなく見て回ったのですが、きよし師匠の事前の情報収拾と記憶力には感服しました。IKEA創業者の名前や本社がオランダにあることなどがスラスラと出て来た方は初めてです。また店内ロケではたくさんのお客さんが周りに集まるのですが、師匠が歩き出すと行く手を阻まぬよう人波が左右にザザ〜ッと開かれていく様子はまるでモーゼの十戒のワンシーンのようで感動しました。ちょうどザリガニのシーズンだったのですが、黒田さんがテコでもザリガニに寄り付かず、カメラが回っていない時も遠くに座っていた姿もよく思い出します。関東だと苦手なものでもカメラが回ると演技するタレントさんが多いのですが、関西は素のままなのがむしろ好印象です。

同じく2016年8月のTBS系『マツコの知らない世界』で解説した『プチプラ雑貨の世界』ではロケで

はなく、なんとスタジオにIKEA・無印良品・フライングタイガー コペンハーゲンの店頭が再現されるという、誰が得って私ほど得な人間はいないんじゃないかという夢のような収録でした。

まず事前に私が各店のおすすめ商品を何十品目かリストアップ、その後局のディレクターと各店担当者の判断でスペースいっぱいに商品が並べられました。各店5〜10人の方々が何時間も前から作業して、本番では実店舗さながらに。マツコさんとはリハーサルなしの当日スタジオで初対面のままの収録でしたが、話の段取りからエアコンの温度まで細々と気を遣ってくださり恐縮しました。特に中型犬のソフトトイ(GOSIG GOLDEN)が気に入られたようで、目立つ場所に何個も集めておられた姿が記憶に残っています。

そしてこれもまた忘れようにも忘れられない2016年2月の日テレ系『ヒルナンデス!』。つるの剛士さん御一行をIKEAにご案内したVTRの後、スタジオ生放送でIKEAからの視聴者プレゼントである椅子(POÄNG)を紹介するシーンでのこと。耐久テストをクリアするとても丈夫な椅子ということで、オードリーのおふたりが、座面上で激しくバウンド、エスカレートして椅子の足をポキッと折ってしまったのです(あそこまで跳ねればどんな椅子でも壊れます)。関係者の寿命を確実に縮めたこの衝撃映像、SNSで話題沸騰となりました。それから約1年半後の2017年9月放送分ではオードリーのおふたりもロケに参加、再び私が解説をつとめたのですが、「ハプニング以降、椅子の知名度がアップし売り上げも増えた」とIKEA側から先にオードリーに握手を求めるという神対応がまたもや話題に。おおらかなスウェーデンスピリットを目の当たりにしました。

さてこれからどんな方々とIKEAに行き、どんなことが待ち受けているのでしょうか、震えて待つ!

ISTAD　イースタード
プラスチック袋　¥299（30〜60ピース）

再生可能な素材で生まれ変わった袋。
食品だけでなく領収書など書類の整
理や、旅行に持って行く服やお土産
の仕分けにも。季節の限定柄もあり
※写真はハロウィン限定のHÖSTLÖV

DIMPA　ディムパ
収納バッグ　¥299

もはやこれなしでは生きていけない。
半透明なので中身がよくわかる。衣
替え用に寝具や衣類を小分けでき、
縦にしまえる。微妙な時期に出し入
れしやすい

TV映えもよく私からもオススメということで、
今まで数々の番組内でよくご紹介したのはこの5点。
番組的に「安さ」「コスパ」を求められることが多いです。

TROFAST　トロファスト
収納ボックス　¥200〜

棚枠から簡単に引き出し部分
が外せるので、散らかったも
のを片付けやすく、そのまま
他の場所にも持って行ける、
機動力のある家具

FARGRIK　フェールグリック
マグカップ　¥99

ロングセラーのスタッキングできるマグ。
大量生産ならではの驚異のお値段。
逆さにした時、底のくぼみから切り込み
を伝って雫が落ちるという工夫あり

SOMMAR　紙ナプキン
¥149〜299（30〜50ピース）

忙しい朝はこのナプキンを広げお皿が
わりにトーストなど載せて使う。来る
たびに違う柄が見つかるのも楽しい

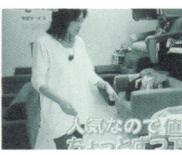

れる物件がある。www.ur-net.go.jp/chintai/ur_ikea

115

This is Hong Kong style!

1. おなじみのミートボールも、紙バックに竹串でちょっとしたタコ焼き気分??
2. 大都会の小さなIKEA
3. 4人家族34㎡のコンパクトなルームセットの間取り
4. 小さなストアならではの小さなセルフサービスエリア。地下ですから
5. 初めて見た、「老夫婦の部屋」という設定のルームセット。色合いがシック

116 《はみだしネタ》2019年イギリスにオープン予定のIKEAグリニッジ店には店舗のほか賃貸住宅、庭園、レストランがあり、ソーラー

ミートボールさえもコンパクト
香港のスモールIKEAを1時間で攻略!

Column 7

　現在香港にIKEAは3つ。北部の沙田、以前の空港の近くの九龍湾。そして都会のど真ん中、東京でいえば渋谷のような場所にある銅鑼灣（コーズウェイベイ）のストアは、香港旅行の合間に1時間あれば充分に堪能できます。都会にふさわしいミニサイズ、体感サイズとしては通常のIKEAの5分の1くらいです。開店が10時半とちょっと遅い分、閉店も遅くて22時半なので夕飯帰りでも無理なく立ち寄れます。しかも上がホテル（ザ・パークレーン香港プルマンホテル）なので本腰入れて毎日通いたい場合はこのホテルに泊まればよい（のですが……ここ数年でものすごく値上がりしているので気軽に泊まれなくなりました。涙）。家具の数は厳選されて置いてあるけど、雑貨類の品揃えは通常の店舗とそれほど変わらないほど豊富です。

　それでは建物入口からエスカレーターで地下1階「ショールーム」へ。いきなり目に入るのがIKEAビストロですが、なんとコンパクトな立ち食いスタイル! 最後に寄ることにして売り場へ。入口ではその時期イチオシの商品がお出迎えしています。前半に家具とルームセットがあるのは通常の店舗と同じです。特徴的なのは「老夫婦の部屋」があったこと。日本を抜いて女性の平均寿命が世界一の香港は、高齢社会でもあるのです。さらに4人家族で368ft2（約34㎡）のコンパクトなルームセットも、香港では珍しくないタイプ。収納できる家具が多く配置されています。

　ところで周りの人を見ると、たまにスーパーで見かけるタイヤ付きの買い物かご（P.106）を引いているではありませんか。このように現地ならではのルームセットやものを見つけると小踊りしちゃいます。さてここのIKEA、家具のプライスタグの多くが「要問い合わせ」の黄色。倉庫が小さいので、ほとんど

どの家具は別店舗からの配送になるからです（あるいは取りに行く）。私も香港に部屋を借りていたとき、この店で家具を選び、別の店舗にトラックで乗り付けて運び出したものです。

　さて次はエスカレーターでまたひとつ降りて雑貨のエリア「マーケットホール」へ。なぜか日本ではときどきしか見かけない30cm角の小さなタオルが目立つように置いてあったので、4枚1組 HKD17.9（約250円）を購入。来てよかった!　山積みだったのがファブリックとキャンドルです。野外で使うキャンドルホルダーが多く、バーベキューしないと生きていられない香港人ライフがしのばれます。また防犯上ベランダがない建物が多いせいか、園芸コーナーはほんのちょっぴり。IKEAから、その地域の普通の暮らしぶりがわかります。

　レジ前には定番商品で小さな家具のフラットパックがいくつか積んであり、会計の後にはスウェーデンフードマーケットが。こちらはかなり広く、品揃えは日本で見るものとほぼ同じです。そしてエスカレーターで上にあがり例の立ち食いビストロへ。やっぱりここでは「瑞典肉丸配（スウェーデンミートボール）」でしょう。5個でHKD10（約140円）なので、夕飯の前後でも罪悪感がありません。付け合わせは一切ナシ。立ったままささっと食べれば、気分は大牌檔（香港の屋台）。ちょっとタコヤキでもつまんでいる気持ちです（ジャムはリクエストすると付いてくる）。もちろんおなじみの「熱狗（ホットドッグ）」HKD7（約98円）もあります。この日は夕方5時頃。女子高生らしき姿もありにぎやかでした。

　というわけでここまででちょうど1時間。香港観光にぜひIKEAをねじ込んでみてはいかがでしょうか?（ちなみに台北にも都市部の南京東路に小さめ地下店舗があります）

システムや雨水採取などエコ機能満載となる予定らしい。

Book reviews

IKEAを研究した本、IKEAが出版した本、
北欧デザインの真髄からお菓子の素材まで。
IKEAを知るにはこの10冊から。

IKEAのデザインに興味があるなら

『IKEA the Book』日本語版

Staffan Bengtsson 著　IKEA FAMILY 2010年

新旧のIKEAデザインを豊富な図版とインタビューで構成した保存版にして決定版。時代背景とデザイナーをクローズアップする立体的な編集になっています。IKEAのデザインに「オリジナル性と盗作をめぐる絶え間ない憶測がたくさんある」ことにも具体例を交え正面から言及しています。人気のロングセラー商品だけでなく、有名デザイナーとのコラボにもかかわらず売れずに終わった作品も取り上げるなど、懐が深い愛すべき書籍。

昔のIKEAカタログが見てみたいなら

『IKEA design och identitet』

IKEAデザインのアイデンティティ
Inter IKEA Systems 2009年

1940年代から2009年までの商品の記録が満載です。ほとんどの資料が昔のカタログからの再掲ですが、どれも状態が非常に美しい。IKEAの商品を通して時代の美的センスの変遷が見られる編集となっています。大枚をはたいて昔のカタログを買い集めなくても、いいとこ取りの写真ばかりで満足できるでしょう。細かくて美しいと評判のカンプラード氏の手書きFAXも見られます。

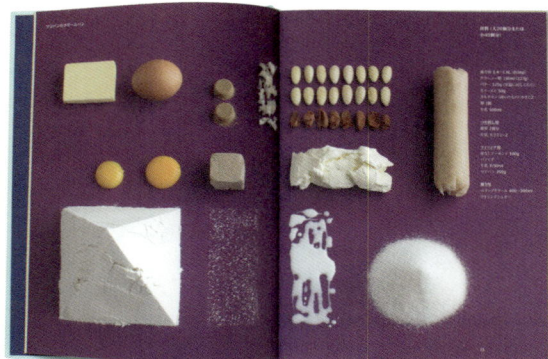

『Fika』
Inter IKEA Systems 2012年

フィーカ（スウェーデンのティータイム）のときにつまむお菓子30種類を作るための食材を、この上なく美しく並べまくるという衝撃のレシピ本！ 写真は食材そのものと完成した状態だけで、作り方はテキストのみ。日本の料理本に必ずあるプロセス写真は一切ありません。大判のハードカバーで結構重く、とても台所で気軽に見るような体裁ではないところがまた妙に魅力的な不思議本です。日本の出版社からは企画段階で飛び蹴りされそう……。羨望の念を禁じえません。

本と本棚が好きなら

『BILLY』
IKEA FAMILY 2009年

1979年にデビュー以来不動の人気、シンプルなデザインの本棚『BILLY』。その発売30周年を記念して作られた、なんでもありの楽しいBILLYマニアブックです。BILLYに人格を持たせて趣味や家族について語らせ、果てには「好きなサンドイッチ」を紹介するに至る本棚愛に溢れる1冊。1980年から1年ずつ当時の世相がわかる写真や、途中コラムではBILLYの製造工程、ファンインタビュー、書物の起源、最後には俳優のビリー・クリスタルやマイクロソフトのビル・ゲイツ、ロカビリーブームの写真など、ビリーと付くならなんでもありのお祭り状態です。IKEAミュージアムにはBILLY企画展示の一角があったし、みーんなBILLYが好きなことがよくわかりました。

も窓辺にじょうろが置かれ続けている。

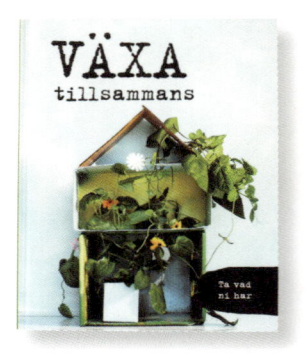

身近なもので植物を育ててみたいなら

『VÄXA tillsammans』

日本語版タイトル『いっしょに育てよう』
Inter IKEA Systems 2016 年

「あるものを使って楽しもう」というコンセプトで、身の回りの廃材を使って植物を育てるアイデア満載のビジュアルブックです。土を詰めて植木鉢代わりにした古い旅行カバンがずらりと並んでいる様子は、素敵すぎてもはやファンタジー。巻末には育てた草花を可愛らしく飾る工作や料理ガイドもあり、見ているだけでときめきます（ちなみに日本語版の表紙はタイトルが明朝体で独特な趣き）。

スウェーデンで愛されたイラストに興味があるなら

『Olle Eksell-Javisst!』

日本語版タイトル『オーレ・エクセル もちろんさ！』
Inter IKEA Systems 2015 年

シンプルなラインに込められた卓越したセンス、スウェーデンを代表するデザイナーでありイラストレーターのオーレ・エクセルの作品集。2015年に登場したIKEAとのコラボ商品「THE ONSKEDROM COLLECTION WITH OLLE EKSELL」シリーズの一環で出版されました。布貼りで手触りのよいハードカバー・256ページが、IKEA FAMILY会員だと半額近い値段で購入できるというありがたさ。しかし日本語版のデザインのバランスがしっくりこなかったため、スウェーデンで原書を買うことに。コラボ商品はファブリック、ポストカード、トレー、ペーパーナプキンなどが発売され、いくつかはまだ店頭で出会えるかもしれません。

『IKEA モデル なぜ世界に進出できたのか』

アンダッシュ・ダルヴィッグ著　志村未帆訳
集英社クリエイティブ 2012年

IKEAの元CEOがビジネスモデルを内側から冷静に分析。たとえばレストランについて「広報戦略の一環で、顧客により長く店にとどまってもらうためのもの」だと言い切るのが清々しい。オランダの財団が所有し、卸会社はスイスを拠点に運営、さらに財務機能はベルギーのサービス会社が管理しているというIKEAの複雑な内部機構にも言及しています（……専門的で難解ですが）。ウェブの躍進に隠れたカタログへの提案など、ダルヴィック氏の個人的な所見も多く興味深い。

『イケアの挑戦 創業者（イングヴァル・カンプラード）は語る』

バッティル・トーレクル著　楠野透子訳
ノルディック出版 2008年

創業者イングヴァル・カンプラード氏へのインタビューをもとに、ドイツからスウェーデンのスモーランド地方に入植した先祖たちの細かな暮らしぶりから、少年〜学生時代、現在の家族について、そして IKEA と自らに起きた数々の問題も赤裸々に綴られた味わい深いノンフィクションです。巻末にはコワーカーのバイブルである、IKEA の営業理念が9ヶ条にまとめられた『ある家具職人の書』も収録されているなど読み応え満点。

『「買わずにいられない！」イケアのデザイン』

日経デザイン編　日経BP社 2015年

IKEAの商品はどのような人々によって、どのような環境で生まれているのかをエルムフルトの商品開発エリアへ赴き、画像とともに詳細にレポート。商品テスト、プロトタイプ制作、撮影スタジオなどのデザインの現場は本書でも紹介していますが、この頃はまだミュージアムがオープンしていませんでした。

『イケアとスウェーデン 福祉国会イメージの文化史』

サーラ・クリストッフェション著　太田美幸訳　新評論 2015年

「北欧デザインって結局何だっけ？」と今さら聞けないみなさんへ。スウェーデン国立美術工芸大学（Konstfack）の教授が、IKEA とスウェーデンによる世界規模のイメージ戦略を客観的に解説します。スウェーデンの福祉国家構想が推し進めた住環境の改善の動きに寄り添うように成長した IKEA。スウェーデン（北欧）デザインがどこから由来するものなのか、腑に落ちまくる良書です。

IKEA maniac 用語集

■あ

【IOS】IKEA of Swedenの略。スウェーデン・エルムフルトにあるデザインの拠点

【IWAY】IKEAがサプライヤーに提示する行動規範（The IKEA Way on Purchasing Home Furnishing Products）

【ある家具商人の書】創業者カンプラード氏が説くIKEAの営業理念をまとめたもの。『イケアの挑戦』（ノルディック出版）巻末に収録されている

【イエローバッグ】店内専用の黄色い買い物袋。持って外に出てはいけない

【IKEA Communications】イケアコミュニケーションズ　スウェーデン・エルムフルトにある巨大なスタジオ。IKEAに関するすべての画像や映像素材を撮影している

【イケアファミリー】IKEA FAMILY 1984年に発足した会員制度。会費は無料で様々な特典を得られる

【IKEA FYND】イケア・フィン　スウェーデン・エルムフルトの1号店移転先に隣接するバーゲンストア。テスト品、中古品、季節商品などが並び、掘り出し物が見つかる

【Ikeagatan】イケア通り　聖地エルムフルトにある「IKEA」の冠名がつく道路

【IKEA museum】元IKEA1号店を改装して2016年にオープンした、IKEAのすべてが分かるミュージアム。聖地エルムフルトのなかの、森井ユカ的中心地。

【イングヴァル・カンプラード】Ingvar Kamprad（1926-2018）IKEAの創業者。IKEAの「I」「K」は彼の頭文字で、「E」「A」は創業の地名による

【Gillis Lundgren】IKEAに約50年在籍し多数の名作を遺したデザイナー。しかし多産が過ぎた故かデザイン史に残っていない

【ウィンドウアクセサリー】カーテンやブラインドのこと

【ウォールデコレーション】額縁など壁を飾るもの全般のこと

【エルムフルト】Älmhult スウェーデン南部、創業者イングヴァル・カンプラード氏の出身地であり、第1号店がオープンした場所で、IKEAのあらゆるデザインに関する本拠地。IKEAマニアにとっての聖地

【Open the wallet】従業員の間で密かに呼ばれる、マーケットホール入口付近にある安売りエリア

■か

【クリッパン】KLIPPAN　IKEAを代表するロングセラーのソファ。1979年の発売以来IKEAで最も売れている家具のひとつ。IKEA museumの入口に石でできた原寸大KLIPPANが置かれている

【小物配送サービス】日本のIKEA独自の配送サービス。商品パッケージをひとつだけ、または雑貨類をたくさん詰めて¥990で配送できる

【コワーカー】co-worker IKEAで働く人たちのこと。お互いをファーストネーム、もしくは愛称で呼びあう

■さ

【サステナビリティ】Sastainability 持続可能性。IKEAが商品に求める5つの条件（デモクラティックデザイン）のひとつ。環境や社会にやさしいこと。他の4つは低価格、形、機能性、品質。

【サプライヤー】製造業者

【ザリガニ】スウェーデンフードマーケットでは毎夏スウェーデンの食用ザリガニが販売される。現地では解禁の7月に夏の到来を祝うザリガニパーティーが開かれる

【シティセンター】都心にあるIKEAのコンパクトな店舗のこと

【ショッピングリスト】鉛筆、メジャーとともに店頭に置いてある買い物メモ

【ショートカット】近道。抜け道。ストアの中にいくつかあり、通り抜けると先回りできる

【ショールーム】主に順路の最初にあるソファやベッド、ダイニングセットなど家具を扱う売り場

【スウェーデンフードマーケット】レジを出た先にあるスウェーデンの食材が並んでいるショップ

【スモーランド】お子さまお預かりサービス。よく「スモールランド」と間違えられるが、IKEA発祥の地であるスウェーデンのスモーランド地方がその名の由来

【セムラ】カルダモン風味のパンケーキで生クリームを挟んだ、スウェーデンの伝統菓子
【セルフサービスエリア】売り場の最後にある、買う家具を自分でピックアップする倉庫
【ソフトトイ】ぬいぐるみ

■ た
【テストラボ】IKEA Test Lab スウェーデン・エルムフルトにある商品テストのための研究所
【デモクラテックデザイン】Democratic Design IKEAがもの作りの基準としている考え方。低価格・デザイン・機能性・品質・サステナビリティの5つの条件が満たされなければならない
【デモクラティックデザインデー】Democratic Design Days 毎年6月に開催されるIKEAの商品プランや方向性の発表会

■ な
【中村 昇】なかむらのぼる　ロングセラーのアームチェア、POÄNG／ポエング（1977年～現在）のデザイナー

■ は
【パーツライブラリー】組み立てに使うあらゆるネジ類を小さな引き出しにまとめたコーナー。配送・返品カウンターのそばにある
【ビストロ】Bistro ストア出口付近にある軽食のコーナー。世界共通で低価格のホットドッグがある
【ビリー】BILLY 5秒に1秒のペースで売れているとされるIKEAのベストセラー書棚。デザインはGillis Lundgren。1979年発売
【フィーカ】FIKA スウェーデンのコーヒーブレイク
【プライスタグ】価格と倉庫の棚番号が記されているタグ。黄色だと在庫のない可能性も
【フラットパック】flat-packs 組み立て前の家具を無駄なく箱詰めしたもの
【プリンセスケーキ】レストランにある緑色のマジパンで覆われた生クリームのケーキ。スウェーデンではケーキの代名詞的存在
【ブルーバッグ】持ち帰り用の青い有料バッグ。商品名はLとMがフラクタ（FRAKTA）、Sがブラットビー（BRATTBY）
【プロトタイプ】試作品
【プロトタイプショップ】Prototype shop スウェーデン・エルムフルトにある試作品の製造研究所
【ボールプール】IKEAのスモーランドにある、水の代わりにボールを満たしたプール。IKEAマニアのあこがれスポット
【ホームデコレーション】造花や花瓶など、部屋を飾るもの
【ホームビジット】Home Visit 世界のIKEAが行なっている、近隣住宅への訪問調査
【ホームファニッシング】Home furnishing 部屋作り

■ ま
【マーケットホール】Maket Hall 主に順路の後のほうにある、雑貨や小物のコーナー
【ミラノサローネ】世界最大のインテリアの展示会。毎年春にイタリアのミラノで開かれる
【ムース】ヘラジカ　その姿はデザインとして商品に反映され、肉はミートボールとしてIKEA museum restaurantで供される

■ や
【ヤンソンさんの誘惑】IKEAレストランで食べられるアンチョビのポテトグラタン。菜食主義のヤンソンさんも誘惑に勝てなかったという逸話がもと
【より快適な毎日を、より多くの方々に】IKEAの核となるビジョン。"To create a better everyday life for the many people"

■ ら
【ルームセット】リアルな設定のもとに家具が配置された部屋。通常の店舗では50ほどある
【リンゴンベリージャム】こけもものジャム。ミートボールに添えて食べる
【レッドドットアワード】The Red Dot Award ドイツのノルトライン・ヴェストファーレン・デザインセンターが選定する世界最大規模の製品デザイン賞。IKEAの商品は常連である

あとがき

IKEAへの愛を確信したのは、
2017年の10〜11月に開催していた『サーモンフェア』でのこと。
鮭は北欧の特産で、サーモンのマリネやサーモンフィレ焼きなどは
IKEAレストランの定番メニューでもあります。
フェアではさらなる鮭メニューの充実と、このとき限定のデザートとして、
『サーモン オ ショコラ』（¥248）というチョコムースに載ったカスタード入りの
美味しそうなパンケーキがありました。しかしこれ

どう見てもたい焼き

だったのです。日本人100人が見たら100人がたい焼きだと思うその形に、
サーモン オ ショコラと華麗にネーミングするそのセンス。しかもなぜかフランス語。
そのうえ「たい焼きみたいだけどサーモンだと思ってね！」というような
エクスキューズも一切なし。
ユーモアと力強さと余裕、こんな人間になりたいと感じ入り、
ますますIKEAが好きになってしまいました。

本書の制作には長い年月と、たくさんの方々のご協力をいただいています。
IKEAのために旅に出るたび、私の世界はどんどん広がって行きました。
その世界に接点のあるすべての人とものに、心から感謝します。
ものとは何か、作るとは何かを考える日々が、
これからもずっと続いていきますように。

2018年6月　東京にて　森井ユカ

たいや…サーモン オ ショコラ

デンマーク、コペンハーゲンの空港から直結の列車ホーム。広告のポスターではなくスタイリッシュなイメージ写真が。一路スウェーデンへ

移動のお供はデンマークのコーラ、駄菓子味。デンマークのデザインはものすごくシンプルか、温かみのあるアナログ風か極端な気がする

エルムフルトに到着。IKEA Hotel のフロントではチューリップが出迎える。館内の製氷機にはいい色の紙カップが。公共バスの座面は矢印

タビノアレコレ

2018年2〜3月、デンマークからスウェーデンへの IKEA 旅

カンファレンスの軽食はマカロニのバルサミコ和え。ワインはどこですか…。巨大な撮影スタジオ、ICOM（P.102）内の道案内。わかりやすい！

スウェーデン、マルメ。ホテル『STORY』の居心地、朝食、ロケーション、すべてジャスト好み。室内のコンセントは黒。コードの黒と合う

街の噴水も凍る寒さ。マイナス10℃。TV番組の小道具にしょっちゅうIKEAモノ（クッション）が登場するので内容に集中できない

IKEAマルメのソフトマシーンと、カンペキな盛り付けのミートボール。最後の朝は荷物と格闘。そしてサヨナラたらこペースト、また会おう

森井ユカ　Yuka Morii

立体造形家で雑貨コレクター。小さいものを作ることと愛でることを仕事にしている。立体造形では粘土を使ったキャラクターデザインを、雑貨コレクターとしては世界の日用雑貨を収集し、書籍にまとめたり各メディアで解説などしている。代表作に『スーパーマーケットマニア』シリーズ 6 タイトル（講談社）、『IKEA FAN BOOK』（河出書房新社）、『10日暮らし、特濃シンガポール』（晶文社）、『旅と雑貨とデザインと』（ダイヤモンド社）など著書多数。専門学校桑沢デザイン研究所では、よりよい生活を考えるゼミ科目『LIVING DESIGN』を担当。夜行性。www.yuka-design.com

著者近影。在りし日のカンプラード氏（右）を偲んで

Staff
■ アートディレクション＆ブックデザイン Art Direction & Book Design
野島禎三（YUKA DESIGN）Teizo Nojima
■ 写真 Photographer
野島禎三／森井ユカ Teizo Nojima/Yuka Morii
■ 編集 Editor
大西香織 Kaori Onishi

Special Thanks
オーサ・イェークストローム Åsa Ekström
山本直子 Naoko Yamamoto
桑沢デザイン研究所2018年度森井ゼミ

参考文献
『IKEAカタログ』1960年代〜現在まで
『Readme/ アイケアコワーカーのための社内報』2018・2号
『IKEAのすべてがわかる本』（枻出版／北欧スタイル編集部）
『イケアの挑戦　創業者は語る』
　　バッティル・トーレクル著　楠野透子訳（ノルディック出版）
『IKEA the Book』日本語版　Staffan Bengtsson著（IKEA FAMILY）
『「買わずにいられない！」イケアのデザイン』日経デザイン編（日経BP社）
『イケアとスウェーデン　福祉国家イメージの文化史』
　　サーラ・クリストッフェション著　太田美幸訳（新評論）
『IKEAの本格スウェーデン料理』（IKEA）
『IKEA FAN BOOK』森井ユカ著（河出書房新社）

参考サイト
www.ikea.com/jp（IKEA公式サイト）
ikea.today（Knut and Marianne Hagberg）
translate.google.com（FRAKTA MANIA）
mentalfloss.com（Say Adjö (Goodbye) to IKEA's Big Blue Bags）

IKEAマニアック

2018年7月20日　初版印刷
2018年7月30日　初版発行

著　者　森井ユカ

発行者　小野寺優
発行所　株式会社河出書房新社
　　　　〒151-0051
　　　　東京都渋谷区千駄ヶ谷2-32-2
　　　　電話03-3404-1201（営業）
　　　　　　　03-3404-8611（編集）
　　　　http://www.kawade.co.jp/

印刷・製本　三松堂株式会社

Printed in Japan
ISBN978-4-309-02716-6